Quando li um livro de Jerry Bridges pela primeira vez há vinte anos, tive a impressão de que cada parágrafo era fruto de reflexão, oração e preparo cuidadoso. Cada obra seguinte me levou à mesma conclusão. Os escritos de Jerry Bridges são um presente para a igreja. Em *As Bem-aventuranças*, ele aborda um tópico importante com sabedoria de erudito e coração de servo.

Max Lucado, pastor e autor *best-seller*.

Jerry Bridges nos ajuda a lembrar que o ponto de partida da verdadeira humildade é a compreensão profunda de quem Deus é. Quanto mais o conhecemos, mais conseguimos conhecer nosso verdadeiro eu. Essa análise da humildade ajudará você a ser mais humilde — porque o ajudará a ver Deus de forma mais clara.

Kyle Idleman, autor de *best-sellers* e pastor da Southeast Christian Church.

As Bem-aventuranças nos dá o melhor de Jerry Bridges: tendo vivido uma vida de oração e reflexão sobre o primeiro e definitivo sermão de Jesus, ele agora nos mostra o que é viver uma vida no Reino de Deus segundo condições (oito delas!) que se caracterizam por bênçãos.

Eugene Peterson, professor emérito de Teologia Espiritual no Regent College, em Vancouver, Colúmbia Britânica, Canadá.

Para muitos, as Bem-Aventuranças são belas, porém distantes. Elas contêm imagens poéticas, mas não parecem realmente relevantes para a vida. Ao longo deste livro maravilhoso, Jerry Bridges nos mostra a graça que encontramos quando caminhamos humildemente com Cristo e a alegria que obtemos quando descansamos em sua obra consumada na cruz. Finalmente uma pessoa humilde escreveu um livro sobre a humildade.

C. J. Mahaney, autor de *Humildade: verdadeira grandeza.*

Jerry Bridges nos ajuda de forma magistral não só a entender, mas também a ingressar na prática contracultural das Bem-Aventuranças de Jesus. Jerry faz isso afastando a ideia de que a prática seja impossível ao desfazer os mitos associados a ela e, acima de tudo, ao nos lembrar de que ela se dá por meio da obra do Espírito de Deus em nossa vida. Não é só uma mensagem sobre a humildade; é a mensagem de alguém que está vivendo na prática e com verdadeira humildade aquilo que escreveu.

Tom Hughes, pastor-líder da igreja Christian Assembly, em Los Angeles, Estados Unidos, e autor de *Curious*.

Gosto muito do conceito de "responsabilidade dependente" proposto por Bridges. Ao longo do livro, ele nos mostra que há coisas que precisamos fazer. É nossa responsabilidade, por exemplo, caminhar em humildade. Mas precisamos depender da obra e do poder do Espírito Santo. À medida que crescemos, nos tornamos mais conscientes de que a obra é sempre dele.

Richard Doster, editor da revista *byFaith*.

O orgulho não aflige apenas o atleta que golpeia o próprio peito, mas também o cristão "gentil" que vê as pessoas do mundo como inimigas. Para a maioria de nós, o câncer do orgulho permanece oculto e despercebido. Como médico habilidoso, Jerry Bridges usa a Palavra de Deus para revelar tal doença. Contudo, também como médico habilidoso, Jerry não só revela a enfermidade, mas também aplica o bálsamo do evangelho para estimular a cura e o autêntico crescimento espiritual. Este livro é para todos que pensam não precisar dele.

Mark Bates, pastor sênior da Village Seven Presbyterian Church, em Colorado Springs, Estados Unidos.

Eis um livro devocional — saturado da Palavra, preciso na teologia e moldado pelo evangelho — para aqueles que estão buscando mais de Jesus e menos de si mesmos.

Felipe Assis, pastor sênior da igreja Crossbridge Miami.

AS BEM-AVENTURANÇAS

Dados Internacionais de Catalogação na Publicação (CIP)
Angélica Ilacqua CRB-8/7057

Bridges, Jerry, 1929-2016
  As Bem-Aventuranças : uma descrição da humildade em ação / Jerry Bridges ; tradução de Thomas de Lima. — São Paulo: Vida Nova, 2022.
  128 p.

ISBN 978-65-5967-117-5
Título original: *The blessing of humility*

1. Humildade - Aspectos religiosos - Cristianismo. I. Título II. Lima, Thomas de

22-2775   CDD 248

Índices para catálogo sistemático

1. Humildade - Aspectos religiosos - Cristianismo

AS BEM-AVENTURANÇAS

**UMA DESCRIÇÃO DA
HUMILDADE EM AÇÃO**

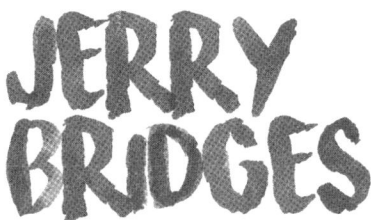

**TRADUÇÃO
THOMAS DE LIMA**

©2016, de Jerry Bridges
Título do original: *The blessing of humility*
edição publicada pela NavPress (Colorado Springs, CO, EUA).

Todos os direitos em língua portuguesa reservados por
Sociedade Religiosa Edições Vida Nova
Rua Antônio Carlos Tacconi, 63, São Paulo, SP, 04810-020
vidanova.com.br | vidanova@vidanova.com.br

1.ª edição: 2022

Proibida a reprodução por quaisquer meios,
salvo em citações breves, com indicação da fonte.

Impresso no Brasil / *Printed in Brazil*

Todas as citações bíblicas sem indicação da versão foram traduzidas diretamente da English Standard Version (ESV). As citações com indicação da versão *in loco* foram traduzidas diretamente da versão referida entre parênteses ao fim do versículo.

Direção executiva
Kenneth Lee Davis

Coordenação editorial
Jonas Madureira

Edição de texto
Rosa Maria Ferreira

Preparação de texto
Pedro Guimarães Marchi

Revisão de provas
Eliel Vieira

Coordenação de produção
Sérgio Siqueira Moura

Diagramação
Sandra Reis Oliveira

Capa
@falecomwesley

A nosso Senhor Jesus Cristo
Que exprimiu o ato supremo de humildade
Ao derramar seu sangue na cruz por nossos pecados.
Então ouvi a voz de muitos anjos
Proclamando em alta voz:
"O Cordeiro que foi morto é digno
de receber o poder, a riqueza, a sabedoria, a força,
a honra, a glória e o louvor".

APOCALIPSE 5.12

SUMÁRIO

Nota ao leitor 11
Agradecimentos 13
Introdução 15

Capítulo um Preceitos e promessas 19
Capítulo dois Pobres de espírito 27
Capítulo três Os que choram 35
Capítulo quatro Mansos 43
Capítulo cinco Fome e sede de justiça 55
Capítulo seis Misericordiosos 65
Capítulo sete Puros de coração 73
Capítulo oito Pacificadores 81
Capítulo nove Perseguidos por causa da justiça 89
Capítulo dez A humildade e o evangelho 97

Guia de discussão 109
Um trecho de God took me by the hand
[Deus segurou minha mão] 121

NOTA AO LEITOR

Este livro pode ser lido em duas horas ou menos. Talvez você queira fazer isso para obter uma visão geral do livro.

Contudo, seu real valor virá à tona quando você, depois, ler cada capítulo em espírito de reflexão e oração. Peça a Deus que o ajude a ver a si mesmo como realmente é à luz de cada um dos traços de caráter descritos pelas oito Bem-Aventuranças. Feito isso, peça a Deus que o ajude a crescer nas áreas em que mais percebe que deixa a desejar.

AGRADECIMENTOS

Em todos os meus livros sou devedor das várias pessoas que participam deles de uma maneira ou outra.

Eric Lindsay, um amigo da Irlanda do Norte, deu-me uma cópia de *The Beatitudes for today* [As Bem-Aventuranças para hoje], de John Blanchard, que se demonstrou muito proveitosa para a composição deste livro.

Connie Trautman, minha assistente administrativa de meio período, transcreveu pacientemente para o computador minha letra muitas vezes difícil de entender e depois transcreveu minhas numerosas mudanças ao longo do texto.

Bob Bevington escreveu as questões para discussão.

Don Simpson, meu antigo editor (agora aposentado), leu todo o manuscrito e fez sugestões úteis.

Brian Teal e o Rev. Bill Vogler fizeram sugestões proveitosas sobre um capítulo difícil.

Don Pape, *publisher* da NavPress, prestou apoio contínuo.

David Zimmerman, editor da NavPress, me faz parecer melhor escritor do que sou.

Finalmente, sou grato a minha esposa, Jane, que (embora não tenha participado diretamente do livro) trabalha duro para "manter as chamas do lar acesas" para que eu possa me dedicar ao ensino e à escrita.

INTRODUÇÃO

A humildade é o segundo traço de caráter mais ensinado no Novo Testamento, perdendo apenas para o amor. Em certa ocasião contei cinquenta passagens em que o amor é ensinado, seja por preceito, seja por exemplo, no Novo Testamento; e contei quarenta casos em que a humildade é ensinada. Considero esses dois traços as pedras basilares do caráter cristão. Todos os demais traços, de uma forma ou de outra, são edificados sobre o amor e a humildade.

Contudo, é tão raro ouvir uma mensagem ou ler um livro sobre esses dois temas. Creio que isso se deva ao fato de eles nos serem tão intimidantes. Todo mestre sincero da Bíblia, quer a ensine oralmente, quer por escrito, percebe o quão longe está de exemplificar qualquer um desses traços de caráter. Portanto, há da parte deles uma relutância em ensinar sobre um tema em que fizeram tão pouco progresso pessoal. Por anos hesitei em ensinar 1Coríntios 13, o grande capítulo do amor, e senti hesitação ainda maior quanto à ideia de escrever sobre a humildade, temendo passar a impressão de estar dizendo: "Sou uma pessoa humilde".

Com o tempo aprendi que o trabalho dos mestres da Bíblia é apontar para as Escrituras, não para nós mesmos. Podemos fazer o mesmo com o amor, porque podemos apontar para 1Coríntios 13 e dizer: "Eis um retrato do amor na vida cotidiana". Mas até recentemente, eu nunca havia conseguido apontar para uma única passagem das Escrituras e dizer: "Eis um retrato da humildade".

Foi então que uma solicitação a que eu escrevesse um breve artigo sobre as Bem-Aventuranças me fez estudá-las de verdade pela primeira vez. Ao fazê-lo, pensei: *Estas expressões do caráter cristão são uma descrição da humildade em ação*. Finalmente, pensei, eis aqui uma descrição objetiva, exterior a mim, à qual posso apontar e dizer: "A humildade é assim. Eis a humildade em ação na vida cotidiana".

É claro, 1Coríntios 13 não é um tratado completo sobre o amor. E as Bem-Aventuranças não são um tratado completo sobre a humildade. Ambas as passagens, contudo, nos fornecem um bom ponto de partida. E a verdade é que nenhum de nós alcançará a perfeição nos traços mencionados. Portanto, tenha em mente que não estou dizendo: "É isso que sou", mas sim: "É isso que eu gostaria de ser, e estou orando para crescer nessas características, assim como oro para que você também cresça nelas". Trabalhemos juntos, portanto, no desenvolvimento de tais qualidades.

Ao estudarmos esses traços das Bem-Aventuranças, precisamos ter em mente uma série de verdades:

Primeiro, todos os cristãos têm de exibir essas características. Elas refletem as qualidades de uma vida cristã normal e se aplicam tanto ao encanador como ao pregador, tanto ao gerente de negócios como ao missionário no campo de missões. Ninguém ocupa lugar tão alto na escala econômica ou social do mundo e ninguém é tão talentoso no desempenho de seu ministério cristão que as Bem-Aventuranças não se apliquem a ele ou a ela. Elas têm o propósito de ser uma realidade na vida de todo cristão, sem exceção.

Segundo, essas características não têm o propósito de refletir nossa personalidade, temperamento ou mesmo o grau de nossos dons espirituais. Algumas pessoas são naturalmente mais modestas que outras; alguns cristãos têm o dom da misericórdia, e outros não. Mas nenhuma das características demonstradas nas Bem-Aventuranças diz respeito à personalidade, ou a temperamento, ou a dons espirituais. Elas são o que Paulo, em Gálatas 5.22-23, denomina o fruto do Espírito: o resultado da obra divina em nossa vida.

Terceiro, nosso progresso em desenvolvermos essas características não determina nossa aceitação por parte de Deus, seja em nossa salvação eterna, seja em nossa situação diária diante dele. É a justiça de Cristo, não a nossa, que nos torna aceitáveis a

Deus dia após dia (tratarei dessa questão no capítulo 10). Posso garantir que, se você for sincero consigo mesmo e permitir que as Bem-Aventuranças o perscrutem, você descobrirá ser mais pecador do que pensava. E, quando isso acontecer, você precisará correr para a justiça de Cristo para não ficar desanimado.

A quarta verdade é que dependemos do Espírito Santo para todo progresso que fazemos. Precisamos que o Espírito trabalhe em nós e necessitamos que ele nos capacite a realizar boas obras, porque é a obra dele que possibilita a nossa (mais sobre isso no capítulo 10).

Assim, dependendo da justiça de Cristo e capacitados pelo poder do Espírito, sejamos "praticantes da palavra, e não somente ouvintes" (Tg 1.22).

1. Escondamos ou "guardemos" essas palavras no coração (veja Sl 119.11).
2. Oremos por essas características, pedindo a Deus que nos mostre quais são nossas debilidades e nos faça crescer nelas (veja Sl 119.33-37).

Capítulo um

PRECEITOS E PROMESSAS

*Eu, portanto, prisioneiro no Senhor, peço-vos
que andeis de maneira digna do chamado a que
recebestes, com toda humildade e mansidão,
com paciência, suportando-vos uns aos outros em amor.*

EFÉSIOS 4.1-2

Ainda me lembro vividamente de uma afirmação que ouvi em um estudo bíblico em janeiro de 1952. Ela literalmente mudou minha vida. A essência dessa afirmação era que "a Bíblia precisa ser aplicada em sua vida cotidiana". Por mais óbvia que seja essa afirmação hoje para mim, naquela noite era uma ideia completamente nova. Eu havia crescido na igreja e nunca havia me desviado para além de suas fronteiras morais, mas, até onde me lembro, a aplicação das Escrituras à vida cotidiana nunca havia sido ensinada em nossa igreja.

Mas, naquela noite, ao ouvir aquela afirmação, era como se alguém tivesse acendido uma luz em minha mente. Eu era um jovem oficial da marinha na época, e no caminho de volta a meu navio, orei: "Deus, a partir desta noite, me ajude a aplicar a Bíblia à minha vida diária?".

"Vida diária" é a parte crucial daquela frase transformadora de vida. Em Efésios 4.1, Paulo nos encoraja: "... peço-vos que andeis de maneira digna do chamado a que recebestes". Nesse contexto, *andar* se refere à vida diária, seja desempenhar seu trabalho, lavar as roupas, fazer as compras ou a infinidade de outras coisas que fazemos ao longo de um dia comum.

À medida que Paulo discorre sobre o sentido de uma caminhada digna, a primeira coisa que ele menciona é a humildade. Pense no que isso significa: enquanto dirijo pela rua, quando interajo com minha esposa ou meus filhos, ou com meus colegas de trabalho, ou com o caixa do mercado, tenho de fazer tudo isso com humildade.

No mundo greco-romano da época de Paulo, a humildade era um traço desprezível. Ela era vista como sinal de fraqueza. E nossa cultura hoje não difere da cultura daquele mundo de dois mil anos atrás. Talvez seja um pouco diferente em nossos círculos cristãos. Podemos até admirar a humildade em outra pessoa, mas temos pouca vontade de praticá-la pessoalmente.

No entanto, quando Paulo escreveu: "... andeis [...] com toda humildade", ele não estava apenas falando de si mesmo; na verdade, estava falando como porta-voz de Deus. A Bíblia não é um livro comum, que reflete as ideias de seus vários autores. Na verdade, como Paulo escreveu em 2Timóteo 3.16: "Toda Escritura é soprada por Deus". Pedro nos ajuda a entender o que isso significa quando escreve: "Os homens falaram da parte de Deus como movidos pelo Espírito Santo" (2Pe 1.21). Ser "movido" significa que os autores das Escrituras foram de tal forma guiados pelo Espírito Santo a ponto de escreverem exatamente o que ele queria que escrevessem. É por isso que com tanta frequência lemos na Bíblia expressões como: "... o Espírito Santo disse de antemão pela boca de Davi" (At 1.16). Deus "soprou" suas palavras por meio de Davi (ou de outros autores). Podemos, portanto, afirmar com confiança: "O que a Bíblia diz, Deus diz", ainda que ele o diga pela boca ou pela pena de seres humanos.

A questão aqui diz respeito à autoridade, e um dos sentidos de "autoridade" é o direito de mandar. Paulo não tem o direito de ordenar que andemos em humildade, mas Deus tem. E ainda que, falando a seus amigos (e a nós hoje), Paulo use uma palavra mais branda (*peço*), ele continua transmitindo a ideia de que uma vida de humildade não é mera opção que o cristão possa escolher ou rejeitar. É uma ordem de Deus.

Essa é uma questão crucial porque, em nosso atual mundo frenético, traços "mais corteses" de caráter como humildade, gentileza e paciência muitas vezes são ignorados ou até mesmo considerados expectativas irreais em meio ao vai e vem da vida. Mas, se quisermos aplicar o ensino da Bíblia à nossa vida diária, não podemos ignorar o chamado a viver nosso cotidiano em espírito de humildade.

Efésios 4.1-2 não é a única passagem em que Paulo nos exorta a praticar a humildade. Em Filipenses 2.3, ele escreve: "Nada façais por ambição egoísta ou orgulho, mas em humildade considerai os outros mais importantes que vós mesmos". Em Colossenses 3.12, novamente nos exorta: "... revesti-vos [...] de humildade". Pedro une sua voz à de Paulo em 1Pedro 5.5: "Revesti-vos, vós todos, de humildade uns para com os outros". Não são comentários casuais e impensados. São as palavras do próprio Deus e trazem em si a autoridade divina implícita de ordenar que busquemos a humildade em nossa vida diária.

Além de Paulo e Pedro, Jesus também abordou com frequência o tema da humildade. Embora ele raramente usasse a palavra, a ideia perpassa seus ensinamentos. De fato, os traços de caráter descritos nas Bem-Aventuranças, que constituem a maior parte deste livro, são expressões do que denomino "humildade em ação".

Um de meus ensinamentos favoritos de Jesus sobre a humildade é Lucas 14.7-11, que aprendi muitos anos atrás. Eu *tento* (note a ênfase), nas ocasiões adequadas, praticar o princípio que ele ensinou aqui.

Ele contou uma parábola aos que foram convidados, ao perceber que escolhiam os lugares de honra, dizendo-lhes: "Quando fores convidado por alguém para uma festa de casamento, não te assentes em lugar de honra, para que não aconteça de haver algum convidado mais distinto que tu, e aquele que convidou a ti e a ele venha e te diga: 'Dá o lugar a esta pessoa', e, envergonhado, tenhas de ocupar o último lugar. Mas, quando fores convidado, vai e te assenta no último lugar,

> *para que, vindo aquele que te convidou, te diga: 'Amigo, assenta-te em lugar mais elevado'. Então serás honrado na presença de todos os assentados à mesa contigo. Pois todo o que se exalta a si mesmo será humilhado, e todo o que se humilha a si mesmo será exaltado".*
> LUCAS 14.7-11

Para aplicar o ensinamento de Jesus à cultura de nossos dias, pensemos não em um "lugar de honra", mas em cargos, prestígio, reconhecimento ou autoridade, coisas que a maioria de nós se sente tentada a buscar. Em vez disso, uma boa regra a seguir está nas palavras de Provérbios 27.2: "Deixa que outros te elogiem, e não tua própria boca; um estranho, e não teus lábios".

Jesus não se limitou a ensinar a humildade; ele a praticou. Vemos isso em seu ato de lavar os pés dos discípulos na Última Ceia (veja Jo 13.1-11). O que torna seu ato ainda mais marcante é que ele o fez com plena consciência de que era o Filho eterno de Deus (v. 3). E vemos sua absoluta humildade quando se humilha até a morte na cruz por nós (Fp 2.8).

Intitulei este capítulo "Preceitos e promessas", mas até aqui não usei nenhuma dessas palavras. Preceito, contudo, é sinônimo de mandamento. Aliás, meu dicionário define *preceito* como "ordem [ou mandamento] emitida por autoridade legalmente constituída". E é claro que não há maior autoridade que Deus. Uma *promessa*, todavia, é uma declaração que confere a alguém o direito de esperar o cumprimento daquilo que foi prometido. Só Deus tem poder infinito e integridade absoluta para cumprir aquilo que ele prometeu.

Passemos agora às promessas de Deus àqueles que andam em humildade. O apóstolo Pedro une preceito e promessa em 1Pedro 5.5-6:

> *Revesti-vos, vós todos, de humildade uns para com os outros, porque "Deus se opõe aos arrogantes, mas dá graça aos humildes".*
>   *Humilhai-vos, portanto, sob a poderosa mão de Deus, para que no tempo propício ele vos exalte.*

No versículo 5, o preceito é: "Revesti-vos [...] de humildade". Isto é, a humildade precisa ser tão parte de nós como as roupas que vestimos. Jamais pensaríamos em comparecer diante dos outros sem nossas roupas. E também não devemos sequer pensar em comparecer diante dos outros sem que voluntariamente nos revistamos de uma atitude de humildade.

A promessa é que Deus dá graça aos humildes. A palavra *graça* muitas vezes é usada como sinônimo do poder de Deus (veja, por exemplo, 2Tm 2.1; 2Co 12.9), e é esse o sentido aqui. A atitude de humildade é completamente contrária aos valores do mundo, mas também é contrária à nossa própria natureza pecaminosa. Precisamos, portanto, da graça de Deus — isto é, da capacitação sustentada pelo Espírito — para que nos revistamos da atitude de humildade enquanto nos deparamos com diferentes pessoas e diferentes situações ao longo do dia. E Deus promete que suprirá essa graça se buscarmos caminhar em humildade.

Enquanto o versículo 5 trata da humildade em relação aos outros, o versículo 6 trata da humildade diante de Deus: "Humilhai-vos, portanto, sob a poderosa mão de Deus, para que no tempo propício ele vos exalte". Humilhar-se sob a poderosa mão de Deus é aceitar e se submeter até mesmo às circunstâncias adversas providenciais vindas de Deus (mais sobre isso no capítulo 4).

A promessa do versículo 6 é que no tempo propício Deus o exaltará. Como será essa exaltação e quando será o tempo propício não está definido, porque pode ocorrer de muitas formas e em diferentes momentos. Só Deus conhece o tempo apropriado e a manifestação de sua exaltação. E ela pode não vir nesta vida, mas virá, porque Deus, que não pode mentir, a prometeu.

Analisemos agora duas promessas do Antigo Testamento àqueles que buscam caminhar em humildade. A primeira é Isaías 57.15:

Pois assim diz Aquele que é alto e elevado,
  que habita a eternidade, cujo nome é Santo:

> *"Habito no lugar alto e santo,*
> *e também com aquele cujo espírito é contrito e humilde,*
> *para reviver o espírito do humilde*
> *e o coração do contrito".*

Enquanto examinamos a passagem, perceba primeiro a descrição que Deus faz de si mesmo. Ele é alto e elevado, e seu nome é santo. A passagem reflete Isaías 6.1-7, em que Isaías, em visão, vê Deus alto e elevado (isto é, exaltado) e ouve os serafins a bradar: "Santo, santo, santo é o Senhor dos exércitos". Tendo visto a Deus em sua glória magnífica, Isaías ficou totalmente devastado. Mas no capítulo 57.15, esse mesmo Deus santo e exaltado, promete habitar com aqueles cujo espírito é contrito e humilde e reviver o coração deles.

Nesse contexto, habitar com alguém significa começar a ter um relacionamento íntimo com a pessoa. E *reviver*, neste caso, aqui significa dar ânimo a ela. É uma promessa fantástica acompanhando o preceito de viver uma vida de humildade. Caminhar em humildade às vezes envolverá a sensação de vergonha ou mesmo humilhação. E quando aceitamos humildemente essas situações, Deus promete habitar conosco e nos dar ânimo.

A segunda promessa é Isaías 66.1-2:

> *Assim diz o Senhor:*
> *"O céu é meu trono*
> *e a terra, o estrado de meus pés;*
> *que casa edificaríeis para mim,*
> *e qual é o lugar de meu descanso?*
> *Todas essas coisas minha mão as fez,*
> *e assim todas elas vieram a existir,*
> *diz o Senhor.*
> *Mas é a este que darei atenção:*
> *ao humilde e contrito de espírito*
> *e que treme diante de minha palavra".*

Mais uma vez, no versículo 1 e no começo do versículo 2, vemos a majestade infinita de Deus. O céu é seu trono, e a terra é mero estrado de seus pés. De fato, ele criou tudo isso. Contudo, embora Deus seja infinito em seu poder e glória, há aqueles para quem ele olhará com afeto e benevolência: os que são humildes e contritos de espírito e os que tremem (em profundo respeito) diante de sua palavra. Que promessa!

Combinando as duas passagens das Escrituras: Deus promete àqueles que caminham em humildade ter um relacionamento íntimo com eles, olhar com benevolência e afeto e lhes dar ânimo enquanto buscam a humildade. Em vez de desprezar a humildade, como fazia a cultura greco-romana e como nossa cultura atual ainda faz, Deus a exalta e promete abençoar aqueles que a buscam.

Não deveria isso nos levar a perceber que a busca da humildade não é mero detalhe — algo em que raramente pensamos —, mas sim um traço de caráter a que deveríamos prestar atenção de maneira diligente? O próprio fato de que encaramos a humildade de forma tão casual deveria nos incitar a nos humilharmos no pó diante de um Deus tão glorioso e gracioso.

Para recapitular o que vimos neste capítulo, a busca da humildade em nossa caminhada diária está amparada nos preceitos — isto é, mandamentos revestidos de autoridade — de Deus. E Salmos 119.4 afirma: "Ordenaste teus preceitos, para que fossem obedecidos com cuidado". A humildade não é mera opção adicional para o cristão superespiritual; a ideia é que todos nós a pratiquemos em nossa vida diária. Além disso, Deus prometeu nos conceder graça se buscarmos a humildade.

Mas com o que a humildade se identifica quando a buscamos todos os dias? Nos próximos oito capítulos veremos como a humildade se expressa nas diferentes circunstâncias e pessoas que encontramos ao vivermos nossa vida cotidiana em um mundo corrompido e amaldiçoado pelo pecado. Nosso guia será o próprio Jesus, que iniciou o mais extenso de seus sermões registrados por escrito com uma litania de bênçãos contraculturais conhecidas como as Bem-Aventuranças. Juntas, elas oferecem um retrato da humildade em ação, algo que Deus ordena e promete abençoar.

Capítulo dois

POBRES DE ESPÍRITO

Bem-aventurados os pobres de espírito,
porque deles é o reino dos céus.

MATEUS 5.3

Cresci na pobreza até os catorze anos de idade. Foram os anos da "Grande Depressão", e muitos homens estavam sem trabalho. Meu pai tinha um emprego, mas trabalhava cinquenta horas semanais para receber cerca de 42 centavos por hora. Vivíamos em uma pequena casa de quatro aposentos e cerca de quarenta metros quadrados. Não havia armários nem guarda-roupas. Tínhamos água encanada, mas nenhuma água quente a não ser a que fervíamos no fogão da cozinha. Muitas noites nosso jantar consistia em feijão e broa de milho. Os únicos livros na casa eram as duas Bíblias de meus pais. Não tínhamos brinquedos.

Sim, cresci na pobreza — mas não a pobreza profunda de que Jesus falava quando usou a expressão "pobres de espírito".

A palavra grega que Jesus usou para "pobres" é a palavra *ptochos*. Ela é usada para descrever não a pobreza comum, mas a miséria. *Ptochos* não se refere a algo como meus pais lutando para colocar comida na mesa. A palavra se refere à pessoa completamente necessitado e incapaz de fazer coisa alguma para sair dessa situação.

A miséria é ilustrada por Lázaro na conhecida parábola de Lucas 16.19-31. Lázaro foi descrito por Jesus como "mendigo". O fato de que ele jazia à porta do homem rico indica que se tratava de um aleijado, incapaz de fazer coisa alguma a respeito de seu infortúnio. Ele desejava se alimentar daquilo que caía da mesa do homem rico. Diferentemente de minha infância, ele não tinha feijão nem broa de milho. Ele não tinha nada. Aliás, Jesus não nos diz se ele *recebia* ou não aquilo que caía da mesa do homem rico. Só sabemos que Lázaro *desejava* aquelas migalhas.

É um retrato da miséria, mas essa ainda não é a miséria de que Jesus estava falando quando disse: "Bem-aventurados são os pobres de espírito". Como usado aqui, *espírito* refere-se ao ser interior, à nossa consciência de nós mesmos. Aqui, especificamente, o termo se refere à avaliação que fazemos de nós mesmos com respeito à nossa situação espiritual. A miséria de espírito deriva da consciência de nossa situação terrivelmente pecaminosa.

A melhor ilustração do "pobre de espírito" é provavelmente o publicano da parábola do Fariseu e do Publicano (Lc 18.9-14). Tudo naquele homem demonstra pobreza de espírito. O publicano fica de longe — hoje diríamos que ele se senta na última fileira de bancos da igreja. Ele não ergue os olhos e tem vergonha de seu pecado. Ele bate no peito e agoniza em razão de seu estado pecaminoso. No entanto, é a oração dele que realmente expressa sua pobreza de espírito: "Deus, sê misericordioso comigo, um pecador!".

Primeiro, note o uso da palavra *misericordioso*. Hoje, essa é uma palavra muito comum. Mas a palavra grega, *hilaskomai*, traduzida aqui por "misericordioso", pressupõe a justa e santa ira de Deus para com nosso pecado. O clamor do publicano é um clamor por libertação da ira que ele sabe merecer.

Além disso, ao contrário do que ocorre nas traduções inglesas da Bíblia, a palavrinha *um* não aparece no texto original.[1] O publicano literalmente diz: "Deus, sê misericordioso comigo, pecador" (ou "o pecador"). O autor John Blanchard observa que o publicano

> não via a si mesmo como um pecador entre muitos, mas como se fosse o único. Ele estava tão subjugado pela consciência de seu

---

[1] Em harmonia com o grego original, nas versões mais conhecidas da Bíblia em português o artigo indefinido também não aparece. (N. do E.)

pecado, ruína moral e miséria espiritual, que, em seu entender, o pecado de qualquer outra pessoa era insignificante perto do seu.[2]

O publicano era pobre de espírito. Talvez nos pareça que ele merecia ser pobre de espírito. Afinal, era publicano, visto como um traidor por seus compatriotas, coletando impostos para o governo romano e se enriquecendo com isso. Mas veja o caso de Isaías, o profeta, que sem dúvida era um homem reto. Um dia ele teve uma visão de Deus em sua infinita majestade e pureza moral (Is 6.1-5). A resposta de Isaías foi: "Ai de mim! Pois estou perdido; porque sou um homem de lábios impuros, e habito no meio de um povo de lábios impuros; pois meus olhos viram o Rei, o Senhor dos Exércitos".

A palavra *impuro* usada por Isaías era a palavra que os leprosos tinham de usar ao caminhar pela rua, bradando: "Impuro, impuro" (Lv 13.45). Isaías, na verdade, estava afirmando ser um leproso moral. Ele ficou completamente devastado pela própria pecaminosidade quando se viu na presença do Deus infinitamente santo. Isaías também era pobre de espírito.

Essa pobreza de espírito não é apenas para o incrédulo que reconhece sua necessidade de salvação. Nas Bem-Aventuranças, Jesus está falando dos traços de caráter daqueles que já pertencem ao Reino. E ele diz, portanto, que devemos ser pobres de espírito. Essa deveria ser a atitude diária e contínua de alguém que esteja crescendo espiritualmente.

Os cristãos que estão crescendo na fé veem mais e mais pecados em sua vida. Mas isso não significa que estejam pecando mais; na verdade, eles estão se tornando mais conscientes e sensíveis ao pecado que sempre esteve presente. Não se trata dos pecados flagrantes da sociedade ao redor, mas de pecados como nosso egoísmo, nosso orgulho, nossos ciúmes e inveja e, acima de tudo, nosso espírito julgador em relação aos outros. E é a percepção de que mesmo esses pecados, que parecem tão

---

[2]John Blanchard, *Right with God* (Edinburgh: Banner of Truth, 1971), p. 86.

pequenos a nossos olhos, nos trariam para debaixo da ira de Deus, não fosse o sangue propiciatório de Cristo derramado por nós na cruz, que nos deveria incitar à pobreza de espírito.

Perto do fim da vida o apóstolo Paulo escreveu: "Cristo Jesus veio ao mundo para salvar os pecadores, dos quais sou o principal" (1Tm 1.15). Paulo usou o tempo presente para descrever a si mesmo. Ele não disse "eu fui" ou "eu era", mas "eu sou". Para Paulo, a pobreza de espírito consistia em um autoexame contínuo.

A pessoa pobre de espírito reconhece que seus melhores atos vêm sempre mesclados com a corrupção de sua natureza pecaminosa, com as motivações impuras (isto é, confusas em sua origem) e com o desempenho imperfeito. Ela reconhece que jamais chega perto de obedecer à lei de Deus como Jesus a definiu em Mateus 22.37-39: amar a Deus com todo o nosso ser e amar ao próximo como a nós mesmos.

Ao mesmo tempo, os que realmente veem sua miséria espiritual não ficam revolvendo-se nela, dizendo: "Que cristão miserável eu sou!". Não, eles olham para Cristo e sua cruz para serem limpos de seu pecado. Eles amam (ou amariam, se as conhecessem) as admiráveis palavras de um antigo hino de William Cowper (1731-1800), *There is a fountain* [Há uma fonte]:

> *Há uma fonte cheia de sangue*
> *Da veia de Emanuel;*
> *Dos pecadores ali imersos*
> *A nódoa desapareceu.*

A segunda estrofe deveria ser ainda mais repleta de significado aos que são pobres de espírito:

> *Ao morrer, o ladrão se alegrou*
> *Aquela fonte a contemplar;*
> *Que eu possa, vil como ele eu sou,*
> *Todos os meus pecados ali lavar.*

Você se identifica minimamente com isso? Você se vê abjeto como o ladrão pendurado na cruz? Se assim for, você está em boa companhia, pois Jesus disse ao ladrão: "Em verdade te digo que hoje estarás comigo no paraíso" (Lc 23.43). E você se lembra do publicano que orava no Templo: "Deus, sê misericordioso comigo, [o] pecador"? Jesus disse a respeito dele: "Esse homem desceu justificado para casa" (isto é, foi considerado justo por Deus — Lc 18.13-14). Os pobres de espírito, portanto, pranteiam o próprio pecado, como veremos no próximo capítulo, mas ao mesmo tempo se regozijam com o perdão de seu pecado e a justiça que encontram em Cristo.

Os pobres de espírito também se identificam com as palavras de outro antigo hino, *The solid rock* [A rocha firme], composto por Edward Mote (1797-1874): "Minha esperança se firma em nada menos que o sangue e a justiça de Jesus". Eles veem o sangue e a justiça de Jesus como sua esperança não só para a eternidade, mas também para a benevolência divina diária. Eles gemem de remorso pelo pecado e buscam a santidade com fervor, mas não *confiam* em sua santidade. Em vez disso, dizem: "Somos servos inúteis; fizemos apenas o que era nosso dever" (Lc 17.10).

A pobreza de espírito diz respeito sobretudo à consciência crescente de que estamos em luta contínua contra o pecado e de que fracassamos vez após vez. Mas ela também se expressa de outras maneiras que caracterizam a humildade em ação. Por exemplo, em vez de minimizar ou ignorar o próprio pecado e maximizar os pecados dos outros, os pobres de espírito fazem precisamente o contrário: eles se identificam com o publicano que orava no Templo, que via a si mesmo como o único pecador do mundo. Eles se identificam com o apóstolo Paulo, que via a si mesmo como o principal dos pecadores. Os pobres de espírito consideram os outros cristãos melhores do que eles. São como o apóstolo Paulo, que se considerava "o menor dos apóstolos" (1Co 15.9) e, de fato, "o menor de todos os santos" (isto é, de todos os cristãos, Ef 3.8). E, ao olhar para si mesmos, os pobres de espírito admitem de bom grado que tudo o que são e tudo o que realizaram devem-se à graça de Deus que atua neles (1Co 15.10).

As pessoas pobres de espírito também reconhecem que dependem completamente de Deus e de sua graça para todos os aspectos da vida. Elas reconhecem que dependem de Deus até mesmo para "a vida e a respiração" (At 17.25). Os pobres de espírito admitem de bom grado que todas as suas habilidades, talentos, dons espirituais e realizações são dons de Deus. Elas se identificam com as palavras de Paulo em 1Coríntios 4.7:

> *Pois quem vê coisa alguma diferente em ti? O que tens que não tenhas recebido? E, se o recebeste, por que te glorias como se não o tivesses recebido?*

Assim, em vez de se gloriar ou buscar reconhecimento para si mesmas, elas, como o apóstolo Paulo, gloriam-se apenas na cruz do Senhor Jesus Cristo (veja Gálatas 6.14).

Os pobres de espírito não murmuram nem se queixam das circunstâncias adversas que Deus permite ou traz para a vida deles. Em vez disso, reconhecem que ainda há muito pecado e que Deus muitas vezes usa as adversidades para trazer o pecado à tona e fazê-los crescer mais e mais na conformidade a Cristo (veja Rm 8.28-29 e Hb 12.10-11; falo mais sobre isso no capítulo 4).

A pessoa pobre de espírito tem reverência profunda e repleta de assombro por Deus e sua Palavra. Ela se pergunta por que o Criador e Sustentador do universo se dignaria a voltar os olhos para uma mera criatura — e, não só isso, uma criatura que ainda é pecaminosa. O pobre de espírito sente, portanto, grande prazer em louvar e adorar aquele que é infinito em seu ser, poder e santidade e que, contudo, sabe quantos fios de cabelo temos na cabeça.

Será que pareço estar exagerando a pobreza de nossa condição? Creio que não. Afinal, foi Jesus quem escolheu a palavra grega *ptochos* para descrever nossa condição espiritual. Outras palavras, muito menos fortes, poderiam ter sido usadas. Foi Jesus quem nos contou a história do rico e de Lázaro, bem como a parábola do publicano que orava no Templo, para nos ajudar a entender o que é ser pobre de espírito.

Vivemos em uma cultura que promove a autoestima. E preocupa-me que essa atitude tenha permeado o corpo de Cristo. Vemos a nós mesmos como melhores do que somos. Olhamos para a sociedade pecaminosa ao redor e, às vezes, somos como o fariseu que orava: "Deus, graças te dou porque não sou como os demais homens" (Lc 18.11).

Ao lermos essa descrição do que significa ser pobre de espírito, muitos de nós confessaremos: "Não, não sou pobre de espírito". Como vimos no capítulo 1, recebemos o mandamento de buscar a humildade, e estou convencido de que a verdadeira humildade começa e nasce na prática da pobreza de espírito. É quando encaramos as atitudes e práticas pecaminosas que ainda nos enredam, é quando começamos a perceber quão desesperadamente aquém nós estamos de ser quem Deus quer que sejamos que podemos começar a exprimir a humildade na prática.

Capítulo três

OS QUE CHORAM

*Bem-aventurados os que choram,
porque serão consolados.*

Mateus 5.4

"Bem-aventurados os que choram" é a bem-aventurança que mais faz eu me sentir inadequado. Chorei tão pouco pelo pecado em minha vida. Remorso, sim; tristeza, sim. Até mesmo lágrimas de vez em quando. Mas Jesus se referia a um luto muito profundo pelo pecado quando disse: "Bem-aventurados são os que choram".

Ao abordarmos o assunto, precisamos ter duas verdades em mente. Primeira, esses traços de caráter referem-se a todos os cristãos. Segunda, nenhum de nós jamais exibirá todos esses traços plenamente. Mas todos nós devemos desejar fervorosamente crescer neles. E um dos traços em que é mais difícil crescer é o pranto pelo pecado.

A palavra que Jesus usou na bem-aventurança é a palavra mais forte da língua grega para o pranto. Trata-se da palavra usada para o pranto de Jacó pelo que ele acreditou ser a morte de José (Gn 37.35). Ela é usada novamente para aqueles que choravam e se condoíam pela morte de Jesus (Mc 16.10). Jesus usa a palavra aqui para demonstrar a intensidade do pranto que ele abençoa. Na verdade, ele não está falando do pranto pela morte, mas do pranto pelo nosso pecado.

Cada uma das oito Bem-Aventuranças se dirige a uma atitude específica do coração. Nesta, Jesus está abordando a atitude que temos diante de nossos pecados pessoais. As palavras de Tiago são no mesmo sentido:

Limpai as mãos, pecadores, e purificai vosso coração, vós que sois vacilantes. Entristecei-vos, lamentai e chorai. Que vosso riso se transforme em luto e vossa alegria em pesar. Humilhai-vos diante do Senhor, e ele vos exaltará.
TIAGO 4.8-10

Nessa bem-aventurança, o choro não é mera sensação de tristeza, mas luto profundo no coração, acompanhado de lágrimas, pelo pecado. Provavelmente são muito poucos os cristãos atuais que chegam a experimentar esse tipo de choro pelo pecado. Mas Jesus afirmou que quem o fizer será abençoado.

O segundo traço de caráter das Bem-Aventuranças segue-se naturalmente ao primeiro. Os que verdadeiramente são pobres de espírito chorarão pelo seu pecado. Como escreveu John Blanchard: "Ser 'pobre de espírito' é estar convencido do próprio pecado, enquanto 'chorar' é se entristecer por ele".[1]

A oração de Davi, como registrada no salmo 51, é exemplo de pranto pelo pecado. Mas, antes de examinar a oração, revisemos a ocasião dela, como registrada em 2Samuel 11.1—12.15.

O rei Davi cometeu dois pecados: primeiro adultério, depois (essencialmente) homicídio, ao tentar acobertar o adultério. Deus enviou o profeta Natã para confrontá-lo, e em sua habilidosa acusação a Davi, Natã usou duas vezes o verbo *desprezar* (2Sm 12.7-11). Primeiro, Davi desprezou a Palavra do Senhor — isto é, ele desprezou a lei de Deus (v. 9). Ao fazê-lo, ele também desprezou a *pessoa* de Deus (v. 10).

Por que isso é verdade? Desprezar a lei de Deus não é apenas uma expressão de rebeldia. É também um ato de desprezo pelo próprio caráter divino, porque a lei de Deus é reflexo de seu caráter. Isso se aplica não só a pecados hediondos como adultério e homicídio, mas também a nossos pecados mais refinados: orgulho, egoísmo, fofoca e assim por diante. Oremos, portanto, para que Deus de fato nos permita ver nosso pecado como rebeldia contra

---

[1]Blanchard, *Right with God*, p. 97.

o governo de Deus — um ato de desprezo pela lei de Deus e até mesmo pelo seu caráter.

Com isso em mente, note agora as palavras de Salmos 51.1-5:

Tem misericórdia de mim, ó Deus,
  segundo teu amor constante;
  segundo a multidão das tuas misericórdias,
  apaga minhas transgressões.
Lava-me completamente da minha iniquidade
  e purifica-me do meu pecado! [...]
Contra ti, contra ti somente, eu pequei
  e fiz o que é mau aos teus olhos,
  para que sejas justificado em tuas palavras
  e puro em teu julgamento.
Eis que na iniquidade fui formado,
  e em pecado me concebeu minha mãe.

Davi reconheceu tanto suas transgressões (os atos pecaminosos concretos) como sua iniquidade (o coração maligno de onde seus pecados fluíam). Depois, reconheceu que era pecaminoso desde o nascimento. Ele pecou porque nasceu pecador.

Mas provavelmente a afirmação mais importante da oração seja: "Contra ti, contra ti somente, eu pequei". Todo pecado é principalmente contra Deus e sua lei. Podemos agir de forma errônea para com o próximo, mas é a lei de Deus que estamos violando. É contra a glória de Deus que estamos pecando. Jamais veremos a seriedade do nosso pecado e jamais choraremos por ele enquanto não percebermos que estamos pecando contra Deus.

O fato de não vermos nosso pecado como sendo primeiramente contra Deus é, creio eu, a razão pela qual sentimos tão pouco pesar sincero por ele. Tendemos a ver nosso pecado primeiro em relação a seus efeitos em nós mesmos. O pecado nos faz sentir culpa, e não gostamos de sentir culpa. Também podemos ver nosso pecado quanto a seus efeitos na outra pessoa. Por exemplo, podemos ter prejudicado sua reputação com fofocas ou palavras cruéis. Mas gostaríamos de simplesmente esquecer isso e seguir em frente.

Nós falhamos em perceber que nosso pecado é primeiramente contra Deus. É a lei dele que foi violada por nós. É a santidade dele que foi profanada. Por causa disso, Deus odeia nosso pecado; Deus não pode olhar para ele com indiferença.

Os puritanos utilizavam uma expressão redundante, mas muito profunda. Eles falavam da "pecaminosidade do pecado". O que torna o pecado tão pecaminoso? O fato de ele ser contra Deus. Até que compreendamos isso no fundo do coração, jamais choraremos por nosso pecado. É por isso que a confissão de Davi: "Contra ti, contra ti somente, eu pequei", é tão importante.

Tendo tratado da seriedade do seu pecado, Davi passa a dizer como podemos repará-lo.

> *Os sacrifícios de Deus são o espírito quebrantado;*
>   *Um coração quebrantado e contrito, ó Deus, tu não desprezarás.*
> SALMOS 51.17

Ao admitir a seriedade do seu pecado, Davi estava profundamente quebrantado e contrito. Podemos pensar que ele *deveria* estar arrependido e contrito. Afinal, ele cometera adultério com Bate-Seba e enviara o marido dela para morrer no campo de batalha. Perto de agravos tão hediondos, nossos pecados mais triviais, pensamos nós, podem ser pranteados com certa trivialidade. Mas, por menor que o pecado seja a nossos olhos, quando pecamos também violamos a lei de Deus. E as Escrituras dizem: "Qualquer um que guarda toda a lei, mas tropeça em um só ponto, torna-se culpado de todos" (Tg 2.10). A lei de Deus é homogênea, um todo completo. Quando violamos qualquer aspecto dela, violamos toda a lei.

Lembro-me de uma época em que me identificava muito com Davi no salmo 51. A afirmação de que Deus não desprezará um coração quebrantado e contrito ministrou profundamente a mim. Não era que eu tivesse cometido algum pecado grande, segundo nossa forma de avaliar os pecados. Mas o meu pecado era a motivação errada.

Certa vez, minha esposa e eu fomos convidados a ministrar em um país estrangeiro. Ao receber o convite, pensei: *Seria um lugar divertido para ir.* Depois de consultá-la, eu imediatamente disse sim. Eu não estava pensando em como serviria o ministério que me convidou ou as pessoas daquele país. Eu estava pensando em nós. Eu sabia que estaria ocupado ensinando e falando sobre a Palavra de Deus, é claro, e, como sempre, eu queria fazer um bom trabalho. Mas minha motivação para ir estava centrada em mim, não em Deus!

A viagem acabou se revelando um desastre ministerial. Em mais de vinte sessões de palestra e ensino, não senti em momento algum o poder do Espírito Santo dando vida às minhas palavras.

Enquanto eu continuava a orar sobre a situação difícil, parecia que Deus estava dizendo: "Por que você está aqui?". E percebi que minha motivação havia sido essencialmente nosso prazer, não o benefício do povo de Deus.

Ao começar a perceber o quão seriamente eu havia pecado contra Deus, fiquei quebrantado e contrito em relação àquilo. E foi então que Salmos 51.17 ministrou profundamente ao meu coração.

Eu gostaria de poder dizer que, assim que me arrependi, Deus imediatamente resolveu a situação. Mas ele não o fez. Todas as mensagens e aulas foram uma luta durante aquela viagem. Por meio daquela experiência, Deus martelou em meu coração a importância das motivações centradas nele.

Uso essa ilustração pessoal para gravar em nosso coração a seriedade de todo pecado. Naquele incidente eu não *fiz* nada de errado. Eu simplesmente agi com base em uma motivação autocentrada. E Deus não se agradou.

Jesus prometeu uma bênção aos que choram — àqueles que estão quebrantados e contritos por seu pecado. Mas vemos tão pouco choro pelo pecado hoje. Por que isso acontece? Creio que é porque não vemos a nós mesmos como pecadores. Não levamos a sério pecados como nosso orgulho, nosso egoísmo e nosso espírito julgador em relação aos outros. Podemos não proferir as palavras do fariseu: "Deus, agradeço-te por não ser como os outros homens" (Lc 18.11), mas no fundo essa muitas vezes é a atitude do nosso coração.

Chorar pelo pecado é apenas para aqueles que vêm a Cristo pela primeira vez? Não, as palavras de Jesus estão no tempo presente. Poderíamos literalmente traduzi-las por: "Bem-aventurados os que continuam a chorar". Ele está pronunciando uma bênção sobre aqueles cuja atitude para com seu pecado é caracterizada pelo pranto. Um sinal de que o cristão está crescendo é, portanto, o sentimento cada vez maior de seu pecado e a atitude de choro por ele.

Agora precisamos considerar a *bênção* de chorar pelo pecado. Jesus de fato disse que aqueles que choram serão consolados. Como serão consolados? Creio que pela experiência do perdão de Deus. É a certeza de que "onde o pecado se ressaltou, a graça ficou ainda mais evidente" (Rm 5.20), de que ainda que nossos "pecados sejam como a escarlata, eles se tornarão brancos como a neve" (Is 1.18).

Note como Davi encerra o salmo 51. Ele confia que Deus não desprezará um coração quebrantado e contrito. Não se trata de mera opinião ou expectativa de Davi. Lembre-se, ele está escrevendo sob orientação divina do Espírito Santo (veja 2Pe 1.21). Dessa forma, Davi está dizendo aquilo que o Espírito Santo o impeliu e o dirigiu a dizer. Sabendo que o que a Bíblia diz, Deus também diz, gosto às vezes de reafirmar algum versículo tendo Deus como locutor. Nesse caso, eu o reafirmo como Deus dizendo: "Um coração quebrantado e contrito eu não desprezarei". Pense nisso! Que conforto maior pode receber alguém que está chorando pelo pecado? Deus não desprezará meu coração quebrantado e contrito.

Como vimos antes, Jesus usou a mesma palavra para choro que a Bíblia utiliza para o luto pela morte de um ente querido. Jesus fez isso para mostrar a intensidade com que deveríamos chorar por nosso pecado. Mas há uma diferença profunda entre os dois motivos de choro. No caso da morte, não há nenhuma esperança de voltar a ver o ente querido nesta vida. Com muita frequência, no momento do luto, sobretudo no caso de morte súbita e inesperada, a esperança da eternidade pouco nos consola. Sentimos falta da pessoa agora, e a ideia de nunca mais ver nosso ente querido nesta vida é mais do que podemos aguentar. Como resultado, choramos profundamente.

Chorar pelo pecado é diferente. Ao contrário da morte, há esperança no aqui e agora. Se estamos arrependidos, podemos levar o pecado à cruz e experimentar o perdão imediato. Podemos vivenciar a verdade de que Deus não nos imputará nosso pecado; ele não desprezará um coração quebrantado e contrito.

Em virtude, podemos ser honestos com nós mesmos quanto a nosso pecado. Não precisamos minimizá-lo ou tentar inventar desculpas para nós mesmos. Em vez disso, podemos vê-lo como o vil e desprezível ato de rebelião contra Deus que ele realmente é.

Nosso problema, contudo, é que deixamos de reconhecer o pecado que ainda permanece em nós. Não reconhecemos que não amar a Deus com todo o nosso ser nem amar nosso próximo como a nós mesmos nos traria para debaixo da maldição de Deus, se não fosse a obra de Cristo por nós (Gl 3.10). Esquecemos o imenso abismo que existe entre a santidade infinita de Deus e nossa própria justiça, mesmo em nossos melhores dias. Em suma, não nos enxergamos como pecadores — pecadores salvos, sem dúvida, mas ainda assim pecadores praticantes que precisam da graça perdoadora de Deus todos os dias.

Assim, chorar pelo pecado realmente é uma demonstração de humildade em ação. Não podemos ser orgulhosos e chorar pelo pecado ao mesmo tempo. Não podemos ter uma atitude julgadora para com outros cristãos, ou mesmo para com não cristãos, se realmente estamos contritos e quebrantados em razão de nosso pecado.

Há ainda mais uma aplicação dessa bem-aventurança de que precisamos tratar. A palavra grega que Jesus usa para *chorar* é usada em duas outras passagens em referência ao choro pelo pecado: 1Coríntios 5.2 e Tiago 4.9. Tiago a usa no contexto de nosso pecado, mas Paulo a usa no contexto de tolerar o pecado de outra pessoa. Creio que no uso de Paulo há uma lição a ser aplicada na cultura atual.

Não há dúvida de que nossa nação afunda cada vez mais em graves pecados de violência, imoralidade, homicídio (sobretudo dos não nascidos), desonestidade flagrante e outros tipos de pecados vis. Qual deveria ser nossa atitude diante desses pecados? Temos três opções: aprová-los, condená-los ou chorar por eles. Certamente não os aprovamos, mas acho que a maioria de nós se contenta em condená-los.

No entanto, é a terceira opção que devemos buscar, e a atitude de Esdras na época em que os judeus voltaram do Exílio pode ser exemplo para nós. Esdras era homem de Deus; ele "havia disposto o coração para estudar a Lei do Senhor e praticá-la, e ensinar seus estatutos e regras em Israel" (Ed 7.10). Embora fosse temente a Deus, Esdras se identificou com os pecados do povo e chorou por eles. Quando soube que os exilados que haviam retornado tinham voltado a se casar com o povo idólatra daquela terra, ele rasgou as próprias vestes (sinal de luto profundo) e orou:

> *Ó meu Deus, estou confuso e envergonhado para levantar a ti a minha face, meu Deus, porque nossas iniquidades cobrem nossa cabeça e nossa culpa sobe até o céu.*
> ESDRAS 9.6

Perceba como Esdras se identifica com os pecados do povo: *nossas* iniquidades, *nossa* culpa. Creio ser essa a atitude que devemos buscar hoje. É tão fácil se distanciar da cultura e se contentar em julgá-la de forma farisaica. Mas aqueles dentre nós que choram profundamente pelo próprio pecado não farão isso. Em vez disso, chorarão pelos pecados e iniquidade de nossa nação e orarão com grande urgência para que, assim como queremos que Deus seja misericordioso conosco, ele seja misericordioso com nossa nação como um todo. Eis mais uma expressão da humildade em ação.

Capítulo quatro

MANSOS

*Bem-aventurados os mansos,
pois eles herdarão a terra.*

MATEUS 5.5

Um amigo meu empreendedor estava ouvindo um CD com uma série de mensagens minhas sobre as Bem-Aventuranças. Quando chegou à mansidão, contou-me, ele pulou a faixa. Ele não estava interessado em ser manso. Como a maioria dos americanos, ele pensava em uma pessoa mansa como alguém tímido, covarde, apagado e facilmente dominado ou intimidado. Alguns leitores reconhecerão essas características no antigo personagem de tirinhas Caspar Milquetoast, descrito como um homem que fala manso e leva bordoadas.

A palavra para *manso* usada por Jesus é muito diferente. Mansidão não é ser tímido, covarde, apagado e facilmente dominado. Não é uma propensão natural a ser bonzinho. Aliás, não tem nenhuma relação com nossa personalidade ou temperamento. É obra do Espírito Santo no nosso íntimo. Contudo, é um traço de caráter que pode e deve ser cultivado em nossa vida.

A palavra grega *praus* normalmente é traduzida ou por "manso" ou por "gentil", dependendo do contexto. Para os fins deste estudo, emprego mansidão como nossa constante reação diante das dolorosas atitudes das pessoas para conosco ou mediante as adversidades que Deus traz para nossa vida. Há, assim, uma expressão dupla da mansidão: primeiro para com Deus e depois para com os outros. A mansidão para com Deus envolve

- ser responsivo à sua Palavra.
- ser submisso à sua providência.

Ser responsivo à Palavra de Deus. Ser responsivo à Palavra de Deus é aproximar-se dela como alguém "pobre de espírito" — reconhecer que ainda há muita incredulidade e pecado no próprio coração, que precisam ser expostos e reconhecidos, dos quais é preciso se arrepender e com os quais é preciso lidar. A pessoa mansa lê as palavras de Jesus em Mateus 5.48 — "Vós, portanto, deveis ser perfeitos, como vosso Pai celestial é perfeito" — e percebe que, por mais que pareça ser uma pessoa boa, ela ainda sequer chegou perto da justiça perfeita que Deus exige, que só pode ser encontrada na justiça perfeita de Jesus Cristo.

Enquanto reflito sobre nossa comunidade evangélica, à medida que a conheço, parece-me que estamos mais para *conhecedores* da Palavra que *praticantes* dela. Sentamo-nos na igreja aos domingos, ouvimos uma mensagem inspiradora ou desafiadora e concordamos com o que ouvimos. Talvez até digamos que gostamos do sermão. Mas, assim que saímos da igreja, esquecemos o que ouvimos. O mesmo se aplica em princípio aos estudos bíblicos semanais. Estudamos um pouco em casa e nos reunimos para conversar sobre o que aprendemos, mas não levamos o resultado da conversa para casa a fim de refletir e orar sobre o assunto, ou buscar aplicar o que aprendemos à nossa vida diária.

Não recebemos com mansidão a Palavra de Deus que nos é "implantada" (Tg 1.21). Em vez disso, com demasiada frequência usamos as Escrituras não como um meio de julgar a nós mesmos, mas como um meio de julgar os outros, sobretudo aqueles cujos pecados são mais gritantes que os nossos. A pessoa mansa, em contraste, perscruta as Escrituras (ou ouve o ensino sobre elas) não para julgar os outros, mas para permitir que o Espírito Santo a julgue. Na verdade, a pessoa mansa deseja sinceramente que o Espírito use sua Palavra para efetuar mudança profunda em seu interior.

Vemos assim que os traços de caráter das Bem-Aventuranças edificam-se uns sobre os outros. Só a pessoa "pobre de espírito", que reconhece a pobreza espiritual que ainda permanece nela e que "chora" por seu pecado, desejará ser responsiva à Palavra de Deus como forma de lidar com o pecado e atingir um caráter que se assemelhe a Cristo.

A submissão à providência de Deus exige primeiro que entendamos o sentido do termo. Brevemente, para os fins deste estudo, *providência* refere-se ao governo soberano de Deus sobre toda a sua criação, controlando, dirigindo e orquestrando todos os acontecimentos e circunstâncias para a realização de seus propósitos. Para embasar essa afirmação, examine as seguintes passagens das Escrituras:

O Senhor dos Exércitos determinou isso,
  e quem o anulará?
Sua mão está estendida,
  e quem a fará recuar?
ISAÍAS 14.27

Pois eu sou Deus, e não há outro;
  eu sou Deus, e não há outro semelhante a mim,
declarando o fim desde o princípio
  e desde a antiguidade as coisas que ainda não sucederam,
dizendo: Meu conselho subsistirá,
  e realizarei todo o meu propósito.
ISAÍAS 46.9-10

Todos os moradores da terra serão considerados nada,
  e ele age segundo a sua vontade no exército do céu
  e entre os habitantes da terra;
ninguém pode deter sua mão
  nem lhe dizer: Que fizeste?
DANIEL 4.35

Prestai atenção, vós que dizeis: Hoje ou amanhã iremos a tal cidade, lá passaremos um ano, faremos negócios e obteremos lucro. Mas não

sabeis o que o amanhã trará. O que é vossa vida? Sois como a névoa que aparece brevemente e se dissipa. Em vez disso, devíeis dizer: Se o Senhor quiser, viveremos e faremos isto ou aquilo.
TIAGO 4.13-15

Vemos, portanto, que Deus age como lhe apraz, e não podemos fazer nada além do que está de acordo com sua vontade. Isso seria aterrorizante se fosse tudo o que soubéssemos sobre Deus. Mas Deus não é apenas soberano; ele é perfeito em seu amor infalível e infinito em sua sabedoria, que está muito além de nossa capacidade de compreendê-la.

A submissão à providência de Deus significa reconhecer que ainda há muito trabalho a ser feito em nosso caráter. Deus usa as adversidades como uma das formas de realizar essa obra (veja Hb 12.5-11). Isso significa que aceitamos os acontecimentos difíceis e dolorosos da vida, mesmo os trazidos pelos atos de outras pessoas, sabendo que provêm da mão controladora de nosso amoroso e infinitamente sábio Pai celestial. Significa acreditarmos que Deus faz com que todos os acontecimentos em nossa vida, sejam bons ou maus a nossos olhos, cooperem para nos conformar cada vez mais à imagem de Cristo (Rm 8.28-29). Significa que damos graças em todas as circunstâncias (1Ts 5.18) — não pela circunstância julgada em si mesma, mas pela promessa divina de usar as circunstâncias para nos conformar mais a Cristo.

Confesso que dar graças em todas as circunstâncias é um desafio para mim atualmente. Entre outras coisas, aos 86 anos de idade, estou lidando com problemas de saúde significativos, que tornam a vida cada vez mais difícil. Como dar graças em tais situações?

Mencionei acima que Deus faz com que todas as circunstâncias de nossa vida cooperem para nos conformar mais a Cristo. Isso é ótimo no que diz respeito ao futuro, mas e quanto ao hoje, quando estou passando por uma dessas inconveniências? Aqui eu recorro ao final de Hebreus 13.5, passagem em que Deus promete: "Nunca te deixarei, nem te desampararei".

Trata-se, no texto grego, de uma afirmação enfática. É como se Deus estivesse dizesse: "*Não!* Jamais te deixarei. *Não!* Jamais te desampararei".

Minha oração, portanto, é mais ou menos assim: "Deus, este é um momento muito difícil para mim, mas o senhor prometeu duas coisas: primeiro, que o senhor não me desamparará nesta situação; e, segundo, que em sua infinita sabedoria usará esta circunstância difícil para me conformar mais à imagem de Cristo".

Eu provavelmente jamais saberei como ele faz isso, ou mesmo qual será o resultado específico nesse caso. Mas Deus está falando genuinamente quando faz essa afirmação. Alguns meses atrás eu estava penando sob uma difícil providência de Deus. Um pensamento veio à minha mente, quase como se o próprio Deus estivesse falando: "O que você prefere que eu faça: que eu retire essa circunstância difícil ou a use para conformá-lo mais à imagem de meu Filho?". Com esse pensamento, Deus me deu a mansidão para aceitar o que ele estava fazendo.

Até aqui, neste capítulo, examinamos a bênção da mansidão para com Deus. O outro aspecto do ensinamento de Jesus é a mansidão para com os outros. O puritano Thomas Watson escreveu que a mansidão para com os outros consiste em três coisas: suportar as ofensas, perdoar as ofensas e pagar o mal com o bem.[1] Vejamos como são essas três formas da mansidão no cotidiano.

Suportar as ofensas é responder às injúrias com mansidão. Pode ser uma crítica injusta, um boato cruel ou mesmo uma calúnia. Pode ser que, ao falar com você, alguém o rebaixe. Pode ser que outra pessoa seja promovida em seu lugar, alguém que claramente não mereça tanto a vaga quanto você. Há numerosas formas pelas quais as pessoas podem nos machucar.

Como se manifesta a mansidão nesses casos? Pedro nos ajuda quando, a respeito de Jesus, ele diz:

---

[1] Thomas Watson, *The Beatitudes* (Edinburgh: Banner of Truth, 1971), p. 106.

> *Quando era insultado, não retribuía o insulto; quando sofria, não ameaçava, mas continuava se entregando àquele que julga com justiça.*
> I PEDRO 2.23

Alguns leitores talvez pensem que estou defendendo um cristianismo de "capachos", um cristianismo no qual permitimos que as pessoas simplesmente nos atropelem. Há formas cristãs de reagir sem que isso aconteça, mas precisamos equilibrá-las com o fato de que Jesus, de certa forma, foi o maior dos "capachos": ele se permitiu ser crucificado por homens maus.

Uma das maiores provas de nossa mansidão está na forma como lidamos com as ofensas que nos são lançadas por outras pessoas. Assim, em vez de nutrir rancor por elas, confiemos no Deus que faz com que todas essas ofensas cooperem para o nosso bem.

A segunda expressão da mansidão é *perdoar as ofensas ou pecados dos outros*. A passagem clássica das Escrituras sobre perdoar os outros é a parábola do servo que se recusava a perdoar, em Mateus 18.23-35. Examinaremos a passagem de forma pormenorizada no capítulo 6. Por ora, analisemos as seguintes passagens das Escrituras:

- "Sede bondosos uns para com os outros, misericordiosos, perdoando uns aos outros, assim como Deus vos perdoou em Cristo" (Ef 4.32).
- "... se alguém tiver queixa contra o outro, perdoando-vos uns aos outros; como o Senhor vos perdoou, assim vós também deveis perdoar" (Cl 3.13).

Efésios e Colossenses foram escritas aproximadamente na mesma época, portanto não surpreende que Paulo escreva essencialmente a mesma coisa acerca do perdão em ambas as cartas. No entanto, em Colossenses ele acrescenta as palavras: "... assim vós também deveis perdoar". A verdade que espero deixar clara para você é que em ambas as passagens nosso perdão uns aos outros está ligado ao perdão por parte de Deus.

A ideia nos leva de volta ao primeiro traço de caráter das Bem-Aventuranças, a "pobreza de espírito". Nossa disposição a perdoar os outros é proporcional à nossa compreensão, no fundo do coração, do quanto fomos perdoados por Deus. Se nos sentimos confortáveis em nosso estilo de vida decente porque não cometemos os pecados gritantes da sociedade e se não vemos muita necessidade de perdão contínuo, provavelmente não estamos dispostos a perdoar os outros com prontidão quando eles pecam contra nós.

Os "pobres de espírito", todavia, reconhecem mais e mais quanto pecado e corrupção ainda vicejam em seu íntimo. Eles reconhecem que, embora lhes tenha sido concedido um novo coração (Ez 36.26), seu coração continua enganoso (Jr 17.9), e a carne, ou a natureza pecaminosa que ainda habita nele, milita contra o Espírito em nós todos os dias (Gl 5.17).

Agora precisamos retornar às palavras de Paulo em Colossenses 3.13: "... assim vós também deveis perdoar". Paulo, com efeito, está dizendo que não temos escolha: porque tanto nos foi perdoado, nós também temos a obrigação de perdoar aqueles que pecam contra nós. Contudo, nossa motivação para perdoar não deve ser essa obrigação, mas a consciência de quanto nos foi perdoado.

Penso na carta de Paulo a seu querido amigo Filemom, escrita por volta da mesma época em que ele escreveu Efésios e Colossenses. Filemom, sem dúvida, era um homem abastado, pois sua casa era grande o bastante para acomodar uma igreja. Filemom também tinha um escravo, Onésimo, o qual ao que tudo indica havia fugido, mas acabou encontrando Paulo em Roma. Paulo o conduziu a Cristo; e ele, em Filemom 1.10, se refere a Onésimo como "meu filho [...] de quem me tornei pai na prisão".

Paulo tinha um problema complicado em mãos. Ele sabia que Onésimo precisava voltar a Filemom, mas desejava que Filemom não só perdoasse Onésimo, mas o recebesse "como irmão amado" (v. 16).

A carta de Paulo figura em nossas Bíblias como "a carta de Paulo a Filemom". Perceba o modo com que o apóstolo faz seu pedido nos versículos 8,9:

> *Embora eu tenha confiança em Cristo para te ordenar o que deves fazer, prefiro pedir-te confiado no teu amor — eu, Paulo, homem velho e agora também prisioneiro de Cristo Jesus.*

Paulo, de fato, diz: "Eu poderia ordenar que você fizesse o que é certo, Filemom. Você realmente não tem escolha a não ser perdoar Onésimo". O que Paulo está dizendo é: "Você tem o dever de perdoar. Não perdoar seria pecado contra Deus". Mas então Paulo acrescenta: "Por causa do amor, contudo, prefiro rogar a você". Paulo quer que Filemom *queira* fazer aquilo que *deve* fazer.

Lendo nas entrelinhas, parece que Onésimo não só havia fugido, mas também havia furtado. Paulo, portanto, acrescenta nos versículos 18-19:

> *Se ele te causou algum prejuízo, ou te deve coisa alguma, lança-o na minha conta. Eu, Paulo, escrevo isto de próprio punho: Eu o pagarei, para não mencionar que tu me deves a ti mesmo.*

São palavras tocantes. Paulo, na prisão, diz: "... lança-o na minha conta". É isso que Jesus diz ao Pai: "Lance o pecado de Jerry na minha conta" — e ele pagou o preço de tudo com sua morte na cruz. Paulo diz: "Eu o pagarei", mas então lembra a Filemom que ele deve sua própria vida a Paulo (um reconhecimento de que o apóstolo o conduziu a Cristo). Assim, devemos nossa salvação inteiramente a Cristo, que nos diz: "Perdoai como eu vos perdoei" (veja Ef 4.32).

Essa carta privada e muito pessoal de Paulo a Filemom é mais do que mera carta. É parte das Escrituras divinamente inspiradas. Trata-se da própria Palavra de Deus, e Deus em sua providência dirigiu os concílios da igreja a incluí-la no cânon das Escrituras por um motivo. Ela serve como pequena ilustração daquilo que Deus fez por nós através de Cristo.

Pense no que éramos. Paulo diz em Efésios 2.1-3 que estávamos mortos em nossos pecados, que efetivamente éramos escravos do mundo, do diabo e dos desejos de nossas paixões.

Além disso, éramos por natureza objetos da ira de Deus. Era uma enrascada muito pior que a de Onésimo. Mas Deus, que é rico em misericórdia, não se limitou a perdoar nossa enorme dívida moral (Cl 2.13-14). Ele também "nos ressuscitou juntamente com ele e com ele nos fez assentar nas regiões celestiais" (Ef 2.6).

Devemos, portanto, perdoar como Deus nos perdoou. É o mandamento de Deus. Novamente, Deus deseja que perdoemos por causa do amor, e não porque recebemos a ordem de fazê-lo. E a única coisa que nos motivará a perdoar em razão do amor é ser "pobres de espírito" e reconhecer o quanto Deus nos perdoou.

A terceira área da mansidão para com os outros consiste em *pagar o mal com o bem*. A passagem clássica acerca disso é Romanos 12.14-21:

- "Abençoai os que vos perseguem; abençoai e não os amaldiçoeis" (v. 14).
- "Não pagueis mal por mal, mas procurai fazer o que é honroso" (v. 17).
- "Amados, nunca vingueis a vós mesmos, mas entregai isso à ira de Deus, pois está escrito: A vingança é minha; eu retribuirei, diz o Senhor" (v. 19).

São muito poucos entre nós, ocidentais, os que enfrentam perseguição hoje (veja capítulo 9). Para aplicar essas instruções à cultural atual, precisamos redefinir a palavra *perseguição* de modo que ela signifique tudo o que se faça para nos ferir, nos caluniar, nos defraudar, obstruir nosso caminho a uma promoção — tudo o que nos seja danoso. E a instrução de Paulo é que abençoemos e não amaldiçoemos os que fazem essas coisas.

Uma das melhores formas de abençoar as pessoas é orar por elas. Muitas vezes os autores desses atos dolorosos ou ofensivos são outros cristãos; podemos orar, portanto, para que Deus os abençoe assim como desejaríamos que ele nos abençoasse. Se não são cristãos, podemos orar para que Deus os atraia à fé no evangelho e à confiança em Cristo para a salvação.

Certamente não queremos pagar o mal com o mal. Não queremos caluniar alguém que nos tenha caluniado. É triste dizer, mas isso às vezes acontece em algumas de nossas igrejas, quando acusações sem fundamento são trocadas.

Acima de tudo, jamais devemos buscar nos vingar de um agravo fazendo o mal. Enquanto pensava sobre as admoestações de Paulo em Romanos 12, concluí que a maior parte do mal que fazemos uns aos outros se dá por nossa fala, e não por nossos atos. Sendo assim, levemos a sério a instrução de Paulo em Efésios 4.29:

> *Que nenhuma palavra torpe saia da vossa boca, mas só a que seja boa para a edificação, conforme a ocasião, a fim de que transmita graça aos que a ouvem.*

Note os dois absolutos nas palavras de Paulo:

- *Nenhuma* palavra torpe.
- *Só* a que seja boa para a edificação.

Paulo também diz, em Tito 3.2: "Não falem mal de ninguém". Isso se aplica mesmo àqueles que com suas palavras nos feriram de alguma forma.

Vê-se que a mansidão de fato é a humildade na prática. É preciso ter humildade para nos submetermos à Palavra de Deus e permitir que ela nos convença do pecado. É preciso ter humildade para não murmurar nem se queixar dos acontecimentos difíceis e dolorosos da vida, mas vê-los como obra de Deus que está nos conformando mais e mais à semelhança de Cristo. É preciso ter humildade para suportar e perdoar aqueles que nos feriram de alguma forma. E certamente é preciso ter humildade para pagar o mal com o bem. Em suma, cito John Blanchard mais uma vez:

> A mansidão é graça definidora, gerada pelo Espírito Santo na vida do cristão, que caracteriza a resposta da pessoa a Deus e ao homem. A mansidão para com Deus é um espírito de submissão

a tudo o que Deus faz conosco, sobretudo aquilo que nos causa tristeza ou dor, com a firme convicção de que em tudo isso ele está atuando graciosa, sábia e soberanamente "para o bem daqueles que o amam" (Rm 8.28). A mansidão para com o homem significa suportar pacientemente os atos injuriosos dos outros e lidar gentilmente com seus erros, não só na certeza de que todos eles estão sob o controle providencial de Deus, mas na certeza de que, entregues a nós mesmos, não podemos alegar ser mais fortes que o mais fraco de nossos amigos ou melhores que o pior de nossos inimigos.[2]

---

[2] Blanchard, *Right with God*, p. 133.

CAPÍTULO CINCO

FOME E SEDE DE JUSTIÇA

*Bem-aventurados os que têm fome e sede de justiça,
pois serão saciados.*

MATEUS 5.6

Nas primeiras duas bem-aventuranças, Jesus usa as palavras o mais fortes possível: a palavra grega para *pobre* refere-se a uma situação de miséria; a palavra para *chorar* é o que fazemos quando um ente querido morre.

Agora chegamos a mais um par de palavras fortes, *fome* e *sede*. Jesus não disse: "Bem-aventurados os que estão sedentos e famintos", mas: "... aqueles que têm fome e sede". Ambas as palavras expressam um desejo intenso, semelhante ao exibido nos versículos a seguir:

*Ó Deus, tu és o meu Deus; eu te busco ansiosamente;
  minha alma tem sede de ti;
minha carne tem sede de ti,
  como em terra seca e exaurida onde não há água.*
SALMOS 63.1

*Clama por discernimento
  e levanta tua voz por entendimento,
busca-o como a prata
  e procura-o como quem procura por tesouros escondidos.*
PROVÉRBIOS 2.3-4

*Minha alma anseia por ti à noite;
  meu espírito dentro de mim te busca ansiosamente.*

> *Porque, quando teus juízos estão na terra,*
> *os habitantes do mundo aprendem justiça.*
> ISAÍAS 26.9

Ter fome e sede de justiça, dessa forma, indica um desejo forte e irresistível de justiça. Isso leva à pergunta: "O que é justiça?".

Justiça denota o estado de estar certo. Biblicamente, significa estar em perfeita harmonia com a lei de Deus em todos os sentidos: na mente, nas palavras, nos atos e até mesmo nas motivações. Paulo expressa essa harmonia absoluta em Gálatas 3.10:

> *Pois todos os que confiam nas obras da lei estão debaixo de maldição; porque está escrito: Maldito todo aquele que não permanecer em todas as coisas escritas no livro da lei, para cumpri-las.*

A palavra *todos* que Paulo usa significa "sem exceção". Eis o tipo de justiça de que devemos ter fome e sede: viver em perfeita harmonia com a lei de Deus.

Nenhum de nós consegue realizar isso, de modo que podemos muito bem perguntar: por que ter fome de algo impossível de alcançar? Isso não é pura perda de tempo? Paulo claramente declara: "Ninguém é justo, não, nem um sequer" (Rm 3.10), e de novo, em Romanos 3.20: "Pois pelas obras da lei nenhum ser humano será justificado diante dele, porque pela lei vem o conhecimento do pecado". (A palavra *justificado* aqui significa "ser declarado justo".) Novamente nos perguntamos: por que ter sede e fome daquilo que é inalcançável?

A resposta está no sentido duplo de justiça na Bíblia. Primeiro há a justiça que Deus exige, isto é, a perfeita obediência à sua lei. É essa a implicação de Gálatas 3.10, que vimos anteriormente. Ninguém está à altura da lei — isto é, ninguém exceto o Senhor Jesus Cristo. O próprio Jesus afirmou a respeito de si mesmo: "Faço sempre as coisas que são agradáveis a [Deus]" (Jo 8.29).

Os quatro principais autores das cartas do Novo Testamento — Paulo, Pedro, João e o autor de Hebreus — são unânimes em afirmar que Jesus era perfeitamente justo: isto é, perfeitamente obediente à lei de Deus (veja 2Co 5.21; Hb 4.15; 1Pe 2.22; e 1Jo 3.5). Tenha em mente que os quatro autores estavam escrevendo sob orientação direta do Espírito Santo (veja 2Pe 1.21), e que estavam, portanto, escrevendo exatamente o que Deus queria que escrevessem. Assim, é esse o testemunho de Deus sobre Jesus: ele era totalmente sem pecado. Ou, para dizê-lo de forma positiva, ele era totalmente justo. Durante 33 anos ele viveu na prática aquilo que nos é impossível alcançar, e o que realizou, ele desempenhou como representante divinamente designado de todos aqueles que confiam nele para a salvação. Portanto, porque estamos unidos a Cristo, somos por Deus considerados tão justos quanto o próprio Cristo.

Mas e quanto a nosso fracasso pessoal no que diz respeito a viver uma vida perfeitamente justa? Já vimos que ninguém é justo. Logo, o que acontece com nosso pecado, com nosso fracasso quanto a obedecer perfeitamente à lei de Deus? Será que nosso pecado simplesmente desaparece no ar? Ou será que Deus varre nossos pecados para debaixo de um tapete cósmico?

A resposta é não. A justiça de Deus exige um pagamento justo, e Jesus também cuidou disso mediante sua morte na cruz, onde suportou a justa e santa ira de Deus que nosso pecado merece. Como escreveu Paulo em 2Coríntios 5.21: "[Deus] o fez pecado". E como escreveu também Pedro: "Ele mesmo levou nossos pecados em seu corpo sobre o madeiro" (1Pe 2.24). Talvez a mais grandiosa afirmação sobre a verdade de que Jesus suportou nossos pecados seja Isaías 53.5-6:

Mas ele foi ferido por nossas transgressões;
   foi esmagado por nossas iniquidades;
sobre ele estava o castigo que nos trouxe a paz,
   e por suas feridas somos sarados.
Todos nós como ovelhas nos havíamos desgarrado;
   havíamos seguido — todos nós — por nossos próprios caminhos;
e o SENHOR *fez cair sobre ele*
   a iniquidade de nós todos.

Jesus satisfez perfeitamente as justas exigências da lei de Deus, tanto em seus preceitos (aquilo que Deus exige de nós) como na punição por nosso fracasso no que diz respeito a obedecer perfeitamente. Como se costuma dizer: "Ele viveu a vida que não podíamos viver e morreu a morte que merecíamos morrer". Como resultado, todos os que confiam em Cristo como Salvador são justificados — isto é, vistos e tratados por Deus como perfeitamente justos.

Podemos chamar essa justiça de "justiça posicional". Isto é, nossa posição ou reputação diante de Deus é de perfeita justiça, tão justa como o próprio Cristo. No momento em que confiamos em Cristo como Salvador, fomos justificados — declarados justos por Deus. Você nunca será parcialmente justo diante de Deus, em qualquer dia de sua vida, do que no momento em que confiou em Cristo como seu Salvador.

Isso suscita outra pergunta: por que eu deveria ter fome e sede daquilo que já tenho? A resposta é que quanto mais crescemos e amadurecemos na vida cristã, mais sensíveis nos tornamos ao pecado e à insuficiência espiritual que percebemos em nossa vida. Não é que inevitavelmente pequemos mais, mas ficamos mais conscientes do pecado que já está ali, e choramos por ele. À medida que isso acontece, sentimos mais e mais fome da justiça que só temos em Cristo.

Mencionei no capítulo anterior o desafio constante que é para mim dar graças em todas as circunstâncias. Isso realmente veio à tona algumas semanas atrás, quando não consegui obter do meu computador certas informações de que precisava. Um tanto frustrado, recorri a meu celular para inserir um novo número de telefone e, por algum motivo, a tela para fazer isso se recusava a abrir. Desistindo, decidi regar algumas plantas novas, mas não encontrei o pulverizador que havia usado no dia anterior. A essa altura eu estava completamente frustrado e rabugento, em um estado de espírito nem um pouco grato.

Minha atitude foi pecaminosa. "Em tudo dai graças; *porque essa é a vontade de Deus* em Cristo Jesus para vós" (1Ts 5.18, grifo do autor). Paulo usa expressão quase idêntica em 1Tessalonicenses 4.3: "Porque esta é a vontade de Deus: [...] que vos abstenhais da imoralidade sexual". É a vontade de Deus que eu me abstenha da imoralidade sexual, e é a vontade de Deus que eu dê graças em todas as circunstâncias.

Eu sabia que minha atitude naquele dia havia sido pecaminosa e que a única solução estava na justiça de Cristo. Fui conversar com Deus, confessei meu pecado e apropriei-me da justiça pela fé que tenho em Cristo. Tive fome e sede, naquele dia, da justiça de Cristo.

Há um sentido verdadeiro em que devemos ter fome e sede da perfeita justiça que já temos em Cristo. Essa deve ser a atitude diária e contínua de todos os cristãos que estão crescendo na fé, porque continuamos a pecar todos os dias. O evangelho — as boas-novas sobre o que Deus fez por nós em Cristo — é como o maná que Deus enviava aos israelitas no deserto. Ele precisava ser recolhido em cada dia e não podia ser guardado (Êx 16.16-21). Em sentido similar, precisamos nos apropriar das boas-novas de modo cotidiano à medida que nos vemos continuando a pecar todos os dias.

O primeiro verso do grande hino antigo *The solid rock* [A rocha firme] é: "Minha justiça em nada menos se assenta que na justiça e no sangue de Cristo". Isso deve aplicar-se não só à nossa esperança de salvação eterna, mas também à nossa esperança de contar com a benevolência e a bênção de Deus em nossa vida hoje. É nesse sentido que devemos ter fome e sede daquilo que já temos em Cristo.

Há uma segunda justiça de que devemos ter fome e sede: a justiça experiencial que devemos buscar todo dia. Deus conectou de forma indissociável a justiça que temos em Cristo com a justiça que precisamos buscar. Ele não concede uma sem a outra. Portanto, todo aquele que tem fome e sede da justiça que temos em Cristo também terá fome e sede de ser justo em sua experiência diária.

Paulo escreveu em 2Coríntios 5.17 que, se alguém está em Cristo (justiça posicional), ele é nova criatura. A nova criatura se inclina a buscar a justiça experiencial. A melhor explicação dessa mudança radical em nosso coração e mente é Ezequiel 36.26-27:

> *E dar-vos-ei um coração novo, e um espírito novo porei dentro de vós. E tirarei o coração de pedra da vossa carne e vos darei um coração de carne. E porei meu Espírito dentro de vós, e farei que andeis nos meus estatutos e observeis minhas regras com cuidado.*

Na passagem, Deus nos promete duas coisas: dar-nos um novo coração e pôr seu Espírito em nós — dar vida ao novo coração, capacitando-nos a buscar a justiça em nossa vida diária.

Além das promessas de Deus, temos o claro ensinamento das Escrituras de que devemos buscar essa justiça. Considere as seguintes passagens, que tratam, todas elas, de nossa justiça experiencial:

> *Assim, foge das paixões da juventude e busca a justiça, a fé, o amor e a paz, junto com aqueles que invocam o Senhor com coração puro.*
> 2TIMÓTEO 2.22

> *Ele mesmo suportou nossos pecados em seu corpo no madeiro, para que pudéssemos morrer para o pecado e viver para a justiça. Pelas suas feridas fostes sarados.*
> 1PEDRO 2.24

> *Assim manifestam-se os filhos de Deus e os filhos do diabo: todo aquele que não pratica a justiça não é de Deus, nem tampouco quem não ama seu irmão.*
> 1JOÃO 3.10

Poderíamos acrescentar à lista Hebreus 12.14: "Esforçai-vos para viver em paz com todos, bem como em santidade, sem a qual ninguém verá o Senhor". As palavras *santidade* e *justiça* estão intimamente ligadas e às vezes são usadas de modo intercambiável. Assim, devemos buscar a justiça, viver para a justiça, praticar a justiça e nos esforçar para viver na justiça.

Fica claro pelas Escrituras, então, que devemos buscar uma justiça experiencial. Mas o que nos levará a ter fome e sede dessa justiça? A resposta é dupla.

Primeiro, como já observamos, o Espírito Santo inclina a nova natureza a buscar a justiça. No começo pode ser só uma pequena faísca no íntimo do novo cristão, mas, à medida que ele vai crescendo espiritualmente, a fome de justiça vai aumentando.

A segunda motivação é a gratidão pela justiça que já temos em Cristo. Quanto mais a buscamos, mais vemos o quão longe estamos de alcançá-la. Isso nos leva a apreciar mais ainda a justiça que já temos em Cristo, gerando assim a gratidão que nos motiva a buscar a justiça experiencial.

Se Deus nos ordenou a buscar a justiça experiencial e se temos fome e sede de obedecê-lo, com o que ela se parece diariamente? Basicamente, trata-se da obediência aos mandamentos morais da Bíblia, à medida que o Espírito Santo os vai trazendo à nossa atenção. Assim como o crescimento físico, o crescimento espiritual é lento, gradual e muitas vezes quase imperceptível. Em minha própria experiência, parece que o Espírito Santo se concentra em uma ou duas áreas ao mesmo tempo. Atualmente, como mencionei, o foco do Espírito em minha vida parece estar na necessidade de sempre dar graças em todas as situações, mesmo as difíceis.

"À medida que o Espírito Santo os vai trazendo à nossa atenção" subentende exposição constante à Bíblia por meio de nossa leitura ou estudo dela, bem como por escutá-la sendo ministrada por nossos pastores ou por outros líderes espirituais. Não haverá crescimento na justiça experiencial sem o consumo regular da Palavra de Deus.

Quando começamos a procurar expressões práticas da justiça, podemos nos sentir sobrecarregados. Pensamos: *Como posso obedecer perfeitamente a todos esses mandamentos?* O venerável Catecismo de Heidelberg, semelhante em natureza e doutrina aos mais conhecidos catecismos de Westminster, faz pergunta parecida: "Podem os que são convertidos a Deus guardar esses mandamentos perfeitamente?" (Questão 114). O Catecismo então dá a seguinte resposta:

> Não, pois mesmo os mais santos homens, estando ainda nesta vida, têm apenas um pequeno começo dessa obediência; ainda assim, ela basta para que, com propósito sincero, eles comecem a viver de acordo não só com alguns, mas com todos os mandamentos de Deus.

Note que ele diz: "Mesmo os mais santos homens, estando ainda nesta vida, têm apenas um pequeno começo dessa obediência". Mas eles não se satisfazem com esse pequeno começo. Não, eles têm fome e sede da justiça que sabem ser inalcançável.

Na parede da oficina onde levo meu carro para conserto, há uma grande placa com as palavras: "A perfeição é inalcançável, mas, se a buscarmos, alcançaremos a excelência". O princípio expresso na placa é um bom princípio para nós. A perfeita justiça que buscamos é inalcançável nesta vida. Mas, se temos fome e sede dela e a buscamos com diligência, com o tempo nos tornaremos cada vez mais a pessoa que Deus quer que sejamos.

Há mais uma verdade importante, já afirmada no capítulo 2, mas que precisamos constantemente repetir e em que precisamos continuadamente acreditar. Nossa dependência do Espírito Santo é absoluta. Precisamos de que ele próprio atue em nós e nos capacite a atuar. Não podemos avançar um centímetro rumo à justiça experiencial sem sua capacitação divina.

Nossa fome e sede da justiça que temos em Cristo e nossa fome e sede da justiça experiencial crescem juntas. A consciência da justiça que temos em Cristo nos motiva a viver à altura dela, que devemos buscar, mas que nunca alcançaremos por completo. Nossa incapacidade de alcançar a verdadeira justiça em nossa experiência nos conduz de volta à justiça que temos em Cristo.

De que forma esses dois aspectos da fome e sede de justiça geram a humildade? Só os que são pobres de espírito e os que choram pelo pecado terão fome e sede da justiça que temos em

Cristo. E só os que são pobres de espírito reconhecerão o quão longe estão de alcançar a justiça experiencial. A consciência de nossa dependência absoluta da justiça de Cristo e de que fracassamos na tentativa de alcançar mais justiça experiencial produzirão humildade em nós.

Assim, voltamos vez após vez ao traço de caráter da primeira bem-aventurança, a "pobreza de espírito". É aqui que começa a humildade, e é essa autoavaliação sincera que produzirá tanto a humildade presente na fome e sede de justiça que temos em Cristo como na justiça experiencial que devemos buscar.

Capítulo seis

MISERICORDIOSOS

*Bem-aventurados os misericordiosos,
porque receberão misericórdia.*

MATEUS 5.7

Eu estava sentado na biblioteca do centro da nossa cidade lendo um livro enquanto esperava minha esposa, que estava em uma reunião. Enquanto estava sentado ali, moradores de rua começaram a entrar, ao que tudo indica procurando um lugar quentinho em uma noite fria e que ventava muito. Eles estavam desgrenhados e, sim, cheiravam um pouco mal. Minha reação foi: *O que esses sujeitos sujos e malcheirosos estão fazendo em nossa agradável biblioteca de classe média?*

Não fui misericordioso naquela noite. Na verdade, fui inclemente.

Os primeiros quatro traços de caráter das Bem-Aventuranças — pobreza de espírito, chorar, mansidão e fome e sede de justiça — tratam todos de nosso caráter interior e de nosso relacionamento com Deus. Aqui, nesta bem-aventurança, "Bem-aventurados os misericordiosos", Jesus começa a tratar de nosso relacionamento com outras pessoas.

Há três palavras de sentido muito próximo, tanto no grego como no português. As palavras em português são *misericórdia*, *pena* e *compaixão*, e parecem ser usadas de forma um tanto intercambiável. Contudo, a palavra que Jesus usou em Mateus 5.7, traduzida por *misericordiosos* em nossas Bíblias, é mais forte que *pena* ou *compaixão*; ela denota não só sentimento, mas ação.

Vemos isso na familiar parábola de Jesus do Bom Samaritano (Lc 10.30-37). Em resposta à pergunta de um doutor da lei —

"E quem é meu próximo?" (v. 29) —, Jesus contou a parábola sobre um homem que havia sido espancado e roubado. Na parábola, um sacerdote e um levita ignoraram o homem espancado, mas o bom samaritano "teve compaixão" (v. 33). Ele então pôs sua compaixão *em ação* (v. 34-35):

> *Ele foi até o homem e enfaixou suas feridas, aplicando-lhes azeite e vinho. Então o pôs sobre sua própria montaria, levou-o a uma hospedaria e cuidou dele. E no dia seguinte, ele pegou dois denários, entregou-os ao hospedeiro e disse: Cuida dele, e tudo o que gastares a mais te pagarei quando voltar.*

Depois de narrar a parábola, Jesus perguntou ao doutor da lei: "Qual dos três, ao teu ver, demonstrou ser o próximo do homem que caiu nas mãos dos assaltantes?" (v. 36). O doutor da lei respondeu: "Aquele que lhe mostrou misericórdia" (v. 37).

Note a sutil distinção entre compaixão e misericórdia. O samaritano *teve* compaixão e, então, *demonstrou* misericórdia.

A misericórdia se expressa em duas áreas gerais: no sentido temporal, a misericórdia busca atender às necessidades físicas dos outros, como o bom samaritano fez na parábola de Jesus. A segunda forma em que a misericórdia se expressa é concedendo perdão àqueles que pecaram contra nós. Essa é uma expressão importante da misericórdia, e trataremos dela mais adiante, mas primeiro examinemos o que a Bíblia diz sobre mostrar compaixão e misericórdia pelos necessitados.

A provisão para os pobres era parte da lei do Antigo Testamento. Levítico 19.9-10 diz:

> *Quando fizerdes a colheita da tua terra, não colherás do campo até suas extremidades, nem recolherás as espigas caídas da tua colheita. E não despirás a tua vinha, nem recolherás as uvas caídas da tua vinha. Tu as deixarás para o pobre e para o estrangeiro: Eu sou o* Senhor *vosso Deus.*

Salmos 41.1 diz:

> *Bem-aventurado o que dá atenção ao pobre!*
> *No dia da calamidade o S*ENHOR *o livra.*

Vemos novamente a preocupação pelos pobres expressa em Isaías 58.7-10:

> *Não é [jejum] também que repartas teu pão com o faminto*
> *e recolhas em casa o pobre desamparado,*
> *que, quando vires o nu, o recubras,*
> *e não te escondas da tua carne? [...]*
> *Se abrires tua alma ao faminto*
> *e fartares o aflito,*
> *a tua luz nascerá nas trevas*
> *e tua escuridão será como o meio-dia.*

O apóstolo Paulo aborda esse princípio em Gálatas 6.9-10:

> *E não cansemos de fazer o bem, pois no devido tempo colheremos, se não desistirmos. Assim, enquanto temos oportunidade, façamos o bem a todos, e principalmente aos que são da família da fé.*

A passagem mais significativa das Escrituras sobre o tema da doação é 2Coríntios 8—9. Quando ensinamos acerca do tema geral da doação, a maioria de nós usa esses dois capítulos como as passagens fundamentais tanto sobre a motivação como sobre as expressões práticas de nossa doação. Muitas vezes aplicamos esses princípios ao ato de doar à nossa igreja ou a organizações missionárias. Paulo, na verdade, escreveu esses capítulos para estimular os cristãos coríntios a doar para pessoas que não conheciam: os santos pobres de Jerusalém, que estavam sofrendo perseguição em virtude de sua confiança em Jesus.

Vemos, assim, que há muitas evidências tanto no Antigo como no Novo Testamento de que devemos ser misericordiosos e compassivos com os necessitados, estejam eles em nossa terra ou fora dela. Portanto, quando Jesus disse: "Bem-aventurados os misericordiosos", ele sem dúvida tinha em mente a misericórdia pelos materialmente pobres ou necessitados.

Mas e as necessidades *espirituais* dos pobres e necessitados? Suponha que pudéssemos, com as doações generosas de todos os cristãos, tirar multidões de homens, mulheres e crianças da miséria e elevá-las a um padrão de vida digno e decente. Se ao fazê-lo deixássemos de lado seu destino eterno, nós lhes teríamos prestado um desserviço fatal. Como disse Jesus: "Pois que adianta ao homem ganhar o mundo inteiro e perder sua alma? Pois o que pode o homem dar em troca de sua alma?" (Mc 8.36-37).

Durante alguns anos na primeira metade do século 20, surgiu uma dicotomia desnecessária entre as necessidades físicas e espirituais das pessoas. Muitas igrejas progressistas abandonaram o evangelho bíblico e passaram a adotar o chamado "evangelho social", ou a suprir as necessidades materiais dos pobres e necessitados. Infelizmente, muitas igrejas evangélicas, temendo desviar-se nessa direção, abandonaram qualquer tentativa de suprir as necessidades materiais das pessoas. Claramente a Bíblia não apoia essas distinções. Na verdade, precisamos tratar tanto das necessidades materiais quanto das espirituais.

Pedro e João são bons exemplos disso. A caminho do Templo, eles encontraram um homem, aleijado de nascença, que lhes pediu esmola. Pedro respondeu:

Não tenho prata nem ouro, mas o que tenho eu te dou. Em nome de Jesus Cristo de Nazaré, levanta-te e anda! E o pegou pela mão direita e o levantou, e imediatamente seus pés e tornozelos se firmaram.
ATOS 3.6-7

A resposta de Pedro se tornou uma afirmação conhecida e clássica ao longo dos séculos. Houve quem usasse suas palavras como desculpa para suprir apenas as necessidades físicas das pessoas; mas o fato é que, embora Pedro tenha curado os pés e os tornozelos do homem — suprindo sua necessidade física mais visível —, ele o fez em nome de Jesus Cristo de Nazaré. Depois, no Templo, ele usou a cura do homem como oportunidade para pregar o evangelho (At 3.11-26). Para Pedro e João, não havia separação entre o verdadeiro evangelho e as necessidades físicas do homem aleijado.

A maior expressão de misericórdia é o ato divino de perdoar nossos pecados e nos trazer para o reino de Deus. Vimos no capítulo 4 que Paulo nos descreve como outrora espiritualmente mortos, escravos e objeto da ira de Deus (Ef 2.1-3). Não éramos simplesmente indignos da benevolência divina. Nós éramos dignos de condenação. Nós merecíamos legitimamente a ira divina.

Em seguida, Paulo recorre a uma de suas palavras de contraste favoritas: "Mas Deus, sendo rico em misericórdia" (Ef 2.4). Deus é descrito como um Deus misericordioso em numerosas passagens do Antigo Testamento (veja, por exemplo, Êx 34.6; Ne 9.31; Sl 103.8; 145.8). Essas expressões da misericórdia de Deus ocorrem todas no contexto de nosso pecado e do juízo de Deus. E devemos mostrar misericórdia à luz da misericórdia de Deus para conosco.

Prometi no capítulo 4 que abordaríamos a clássica passagem sobre o perdão como expressão de misericórdia. Trata-se da parábola do Servo Inclemente, Mateus 18.23-35. O motivo da parábola é a pergunta de Pedro a Jesus: "Senhor, quantas vezes meu irmão pecará contra mim, e eu deverei perdoá-lo? Até sete vezes?" (v. 21).

Jesus disse a ele: "Não te digo até sete vezes, mas setenta vezes sete" (v. 22). Essencialmente, o número de pecados que cometerem contra você é o número de pecados que deve perdoar.

Logo depois, Jesus conta a história do servo que devia a seu senhor 10 mil talentos (cerca de seis bilhões de dólares atualmente). O servo não tinha condições de pagar, e o senhor, compadecido, perdoou-lhe a dívida. Mas, quando o servo foi embora, ele viu um de seus conservos, que lhe devia cem denários (cerca de 12 mil dólares atualmente). O conservo implorou por paciência ao primeiro servo, mas este não atendeu ao seu clamor. Sim,

12 mil dólares não são soma pequena, mas comparados a seis bilhões são uma ninharia.

A moral da parábola é que somos devedores de 10 mil denários a Deus. Nem um dia passa sem que cada um de nós peque muitas vezes, seja em pensamento, palavra, ato ou motivação. A razão pela qual não reconhecemos isso é que, quando pensamos em pecado, pensamos nos pecados gritantes de nossa sociedade. Não vemos nossa impaciência, nossos breves arroubos de ira, nossas ofensas verbais como pecado.

Além disso, a dimensão de nosso pecado não é medida por seus efeitos nos outros, mas por seu ataque à majestade e à santidade infinitas de Deus. Por terrível que o pecado de outra pessoa contra nós seja ou por frequentes que esses pecados sejam, temos o dever de perdoá-la porque Deus também perdoou a enorme dívida de pecado que tínhamos para com ele. Ademais, como disse Jesus ao fim da parábola (v. 35), devemos perdoar de coração — não de modo superficial, mas sincero — ao refletirmos sobre o quanto nos foi perdoado.

Perceba as consequências de não perdoar na parábola. O senhor se irou com o servo, chamando-o "mau" e entregando-o aos carrascos. É uma parábola, e nem todo detalhe pode ser comparado à vida real, de forma que não podemos descrever como seria ser entregue ao carrasco. Mas a parábola de fato nos ensina a seriedade de não perdoar aqueles que pecam contra nós.

A parábola suscita a pergunta: o que significa perdoar? Examine as seguintes passagens das Escrituras:

> *Eu, eu sou aquele*
> *que apaga tuas transgressões por amor de mim,*
> *e não me lembrarei de teus pecados.*
> ISAÍAS 43.25

> *Pois serei misericordioso com as iniquidades deles,*
> *e de seus pecados não me lembrarei mais.*
> HEBREUS 8.12

> *De seus pecados e de seus feitos iníquos não me lembrarei mais. Onde há perdão para essas coisas, não há mais nenhuma oferta pelo pecado.*
> HEBREUS 10.17-18

A ideia comum às três passagens é que Deus não se lembra mais de nossos pecados. Ele os apaga e nunca os menciona novamente.

É isso que significa perdoar. Não nos lembrarmos dos pecados contra nós. Já se apontou a diferença entre esquecer e não lembrar. Nós nos esquecemos sem querer de muitas coisas — onde deixamos a chave do carro e outras coisas do gênero —, mas não lembrar é uma escolha. Podemos escolher não assistir em nossa mente ao replay do pecado que alguém cometeu contra nós. Podemos escolher não mencionar mais esse pecado — seja a nós mesmos, a outra pessoa ou à pessoa que pecou contra nós. Mencioná-lo novamente indica que não perdoamos de verdade ou, então, que ainda estamos lutando para perdoar e precisamos continuar trabalhando nessa questão, pedindo que Deus nos ajude.

O perdão não costuma ser um acontecimento único. Mesmo que tenhamos dito "eu perdoo", muitas vezes perdoar é uma luta. Geralmente as feridas que precisam de perdão não desaparecem com tanta facilidade, e precisamos continuar escolhendo não nos lembrar delas.

Há outra verdade que precisamos enxergar para entender o perdão. Quando o senhor da parábola perdoou a enorme dívida de dez mil talentos, seu patrimônio imediatamente diminuiu em seis bilhões de dólares na moeda atual. O custo que Deus tem em nos perdoar não pode ser medido pelo dinheiro; ele é medido pela morte de seu Filho na cruz para pagar pelos nossos pecados. É um custo imensurável.

Perdoar nos é custoso. Significa abrir mão de nossa ferida e rancor e nunca mais mencionar o pecado em questão, mesmo para nós mesmos. E se a pessoa que nos feriu é cristã, significa orar por ela, pois Jesus disse: "Eu, porém, vos digo: Amai vossos inimigos e orai pelos que vos perseguem" (Mt 5.44). Se a pessoa que nos feriu não é cristã, devemos orar pela salvação dela.

Já vimos a importância de ser misericordioso tanto na esfera material como na espiritual. Como essas duas expressões da misericórdia demonstram a humildade em ação?

Lembre-se de minha reação aos homens desabrigados na biblioteca. Agi de forma orgulhosa. Como esses homens se atrevem a invadir nosso agradável espaço de classe média? A humildade teria, com sinceridade, dito: "Pobre de mim, não fosse a graça de Deus". A humildade teria pensado: *Há alguma coisa que eu possa fazer para ajudar esse homens?* A humildade teria reconhecido que é o Senhor quem faz alguns serem pobres e alguns, ricos (ou, em nosso caso, de classe média). É o Senhor quem rebaixa e quem exalta (1Sm 2.7). Se estou em situação econômica ou social melhor que a desses desabrigados, o mérito é todo da graça de Deus.

Deus de fato me convenceu de minha atitude inclemente, e comecei a pensar como eu e minha esposa poderíamos demonstrar misericórdia para com eles. Como na minha idade não tenho a capacidade física de me envolver diretamente, começamos a fazer contribuições financeiras significativas a uma instituição de caridade local que provê abrigo e refeições aos desabrigados de nossa cidade.

Mas a verdadeira expressão da humildade em ação vem quando perdoamos os outros por algum pecado que tenham cometido contra nós. Perdoar os outros significa ver a nós mesmos como devedores de 10 mil talentos. Significa que oferecemos misericórdia a eles porque recebemos misericórdia de Deus (veja Mt 18.33). Mais uma vez vemos que os misericordiosos são os pobres de espírito, que reconhecem não ser melhores (e talvez até piores) que aqueles que pecam contra eles. Assim, como eu disse anteriormente, a humildade em ação começa com a pobreza de espírito. Todos os traços de caráter subsequentes fluem dela.

Capítulo sete

PUROS DE CORAÇÃO

*Bem-aventurados os puros de coração,
pois verão a Deus.*

MATEUS 5.8

Por muitos anos presumi que "puros de coração" se referisse à pureza moral ou sexual. A ideia certamente inclui esse tipo de pureza, mas abrange muito mais do que isso.

Para entender melhor o que significa ser puro de coração, será proveitoso examinar as diferentes formas em que a Bíblia usa a palavra *coração*. Além da função física do órgão em nosso peito, John Blanchard lista oito funções do coração identificadas nas Escrituras:

- Ele é o centro das emoções.
- Ele é o centro do entendimento.
- Ele é o centro da razão.
- Ele está associado à consciência.
- Ele é o centro das motivações.
- Ele é a raiz de nossos desejos.
- Ele está envolvido na tomada de decisões.
- Ele é o centro da fé.[1]

Podemos ver, assim, que o coração representa o nosso ser íntimo, nosso "eu real", aquilo que nos torna o que somos.

A palavra *puro* ou *limpo* é usada em referência à roupa que foi lavada, ao grão de que toda palha foi removida e ao ouro que foi

---

[1] Blanchard, *Right with God*, p. 189-90.

refinado até que todas as impurezas tenham sido removidas. Um coração puro, portanto, é aquele que teve todos os desejos pecaminosos removidos. Positivamente, significa amar a Deus com todo o meu coração, alma e mente (Mt 22.37). Significa viver toda a vida para a glória de Deus (1Co 10.31).

Aqui nos deparamos com um problema. Como percebemos em suas oito funções distintas, o coração espiritual é muito complexo. Cada um de nós pode ser tentado a pecar por meio de qualquer uma dessas inclinações. Além disso, nosso coração é enganoso, e só Deus é capaz de perscrutá-lo. Não podemos penetrar as profundezas de nossas motivações. Podemos desejar glorificar a Deus, mas no interior do coração queremos fazê-lo de forma que nos seja lisonjeira. Em muitas tomadas de decisão, talvez racionalizemos um ato que sabemos não estar alinhado com a vontade de Deus. Nosso entendimento e raciocínio muitas vezes são ofuscados por nossos desejos. Se formos sinceros, portanto, teremos de admitir que não temos um coração puro.

Assim sendo, como crescer em pureza de coração? Creio que o processo começa com aceitar o senhorio de Cristo em nossa vida. O que isso significa?

O senhorio de Cristo é às vezes ensinado com uma ilustração automobilística. Você está dirigindo seu carro e Jesus está no banco dos passageiros. A certa altura, Jesus diz: "Eu quero dirigir". Você permite que ele assuma a direção de sua vida. Ao fazê-lo, você reconhece o senhorio de Jesus sobre ela.

Em anos recentes, concluí que a ilustração é insuficiente para retratar o senhorio de Cristo. Mais perto da verdade, Cristo não diz: "Eu quero dirigir", mas sim: "Sou o dono deste carro". Ou, nas palavras de Paulo: "Não sois de vós mesmos, pois fostes comprados por um preço" (1Co 6.19-20).

Captar a verdade de que não pertencemos mais a nós mesmos, mas a Cristo, é captar uma verdade fundamental para a vida cristã. Também é entender na prática o que significa ser puro de coração.

Outra ilustração talvez ajude a "cair a ficha". Imagine que eu lhe venda um imóvel, mas que eu já esteja devendo várias parcelas da hipoteca. Você não apenas me paga um preço justo pelo imóvel, mas também paga minhas parcelas atrasadas. Agora o imóvel pertence inteiramente a você. Não tenho mais direito de dizer como aquela propriedade deve ser usada. Ora, é essencialmente isso que Cristo fez. Com sua morte na cruz, ele pagou nossa dívida com Deus, dívida que nós mesmos não teríamos como pagar. Como Paulo diz em Tito 2.14: "[Ele] se entregou a si mesmo por nós para nos redimir de toda iniquidade e purificar para si um povo todo seu, zeloso de boas obras".

Isso não significa que Jesus deseje que você lhe pergunte a cor de meias que deve usar hoje. Mas significa, em contrapartida, que ele deseja que você tenha sempre em mente que não pertence a si mesmo. Você foi comprado por um preço. Você é posse dele.

Uma vez que reconheçamos a posse de Deus sobre nós, nossa responsabilidade fica clara: tudo o que fazemos deve servir aos propósitos de Deus. E, ocupando lugar central entre os propósitos de Deus, como demonstrado ao longo das Escrituras, está a glória de Deus. Paulo conclui uma breve mensagem sobre a pureza sexual com a admoestação: "Assim, glorificai a Deus no vosso corpo" (1Co 6.20). Ele faz o mesmo em 1Coríntios 10.31, depois de abordar a questão de comer carne oferecida aos ídolos: "Fazei tudo para a glória de Deus". É isso, certamente, a pureza de coração.

Anos atrás, quando eu ainda estava na casa dos vinte anos, ganhei um livro intitulado *Have we no rights?* [Não temos direitos?].[2] Não consegui terminar o livro, porque a resposta da autora era: "Não, não temos direitos", e àquela altura de minha vida cristã eu não conseguia aceitar aquilo. Hoje concordo com ela. Não tenho direitos, porque não sou mais "dono" de mim mesmo. Não tenho direito à saúde, embora tenha a responsabilidade de viver de modo prudente no que diz respeito à saúde. Não tenho direito ao sucesso na vida, embora tenha responsabilidade de buscar a excelência em toda obra a que Deus me chame. Não

---

[2] Mabel Williamson, *Have we no rights?* (Chicago: Moody Press, 1957).

tenho direito de ser tratado com justiça e dignidade, embora tenha a responsabilidade de tratar os outros com justiça e dignidade (veja Mt 7.12; 22.39).

A afirmação parece injusta, não parece? A resposta à aparente injustiça é que o Senhor Jesus Cristo agora tem o direito sobre minha vida e o exerce com perfeito amor e sabedoria, de tal forma que tanto o bom quanto o mau tratamento que eu receba das outras pessoas será usado para me tornar mais semelhante a ele.

Retomemos a ilustração do automóvel. Jesus disse: "Este carro é meu". Continuo a dirigir o carro, mas reconheço que Jesus é o dono dele, e meu objetivo não é mais dirigir para onde desejo ir, mas dirigir para onde ele deseja que eu vá. Apliquemos a ilustração à vida real: continuo a viver minha vida. Continuo a usar meu entendimento e raciocínio. Continuo a ter emoções, motivações e desejos. Mas, para ser puro de coração — ou melhor, para buscar ser puro de coração —, preciso submeter todas essas atividades do coração ao senhorio de Cristo.

A ideia de que Jesus é o "dono" de nossa vida é uma ideia radical para a sociedade de mentalidade independente de hoje — e também para a sociedade cristã. Muitos cristãos não sabem ao certo se gostam da ideia. Eles se contentam em viver uma "vida cristã decente" e evitar os pecados mais graves, mas entregar o controle de sua vida a Cristo é outra coisa. O que motivará os cristãos a fazê-lo? A resposta está em nossa compreensão do amor de Cristo por nós, como revelado no evangelho. O Jesus que é "dono" de nós é o Jesus que morreu em nosso lugar para nos salvar da justa e santa ira de Deus.

Uma de minhas passagens favoritas das Escrituras é 2Coríntios 5.14-15:

> *Pois o amor de Cristo nos controla, pois concluímos isto: que, se um morreu por todos, todos, portanto, morreram; e ele morreu por todos, para que os que vivem não vivam mais para si mesmos, mas para aquele que por eles morreu e ressuscitou.*

O que Paulo quer dizer quando afirma que o amor de Cristo nos controla? Alguns anos atrás, Kenneth Wuest, professor de grego no Moody Bible Institute, escreveu uma tradução ampliada do Novo Testamento. Ele traduziu 2Coríntios 5.14-15 assim:

Pois o amor que Cristo tem [por mim] me aperta por todos os lados, retendo-me a um único objetivo e proibindo-me todos os demais, envolvendo meu ser com ternura, impelindo-me com motivação, tendo me trazido a esta conclusão, a saber, que Um morreu por muitos e, portanto, todos morreram.[3]

"Um objetivo" — um objetivo na vida e mais nenhum, caso encerrado. Pureza de coração é isso. O que mantinha Paulo focado nesse único objetivo? O amor de Cristo demonstrado em sua morte por nós. E qual é o objetivo? Viver não mais para nós mesmos, mas para aquele que morreu por nós.

Isso significa que todos os demais objetivos são ilegítimos? De forma alguma. Todos nós temos objetivos. Tenho o objetivo de terminar este livro e de fazer algo especial para minha esposa em nosso aniversário de casamento, e assim por diante. Mas em todas essas aspirações precisamos ter em mente que o objetivo que controla nossa vida é viver na contínua consciência de que Cristo é o "dono" de nossa vida e de que devemos viver para ele, não para nós mesmos.

Outra passagem proveitosa aqui é Romanos 12.1:

Rogo a vós, portanto, irmãos, pelas misericórdias de Deus, que apresenteis vosso corpo como sacrifício vivo, santo e aceitável a Deus, que é vosso culto espiritual.

Apresentar nosso corpo (e também nosso coração) é reconhecer Cristo como o "dono" de nossa vida. É a resposta objetiva e

---

[3] 2Coríntios 5.14-15, in: Kenneth S. Wuest, *The New Testament: an expanded translation* (Grand Rapids: Eerdmans, 1961).

experiencial à verdade objetiva de que somos posse dele. Mais uma vez, contudo, o que Paulo apresenta como motivação convincente para fazê-lo? A motivação são as misericórdias de Deus como demonstradas na morte de Cristo em nosso lugar por nossos pecados. (Para mais sobre o alcance das misericórdias de Deus, veja Rm 5.6-10; Ef 2.1-7.)

Pode parecer que estou retornando continuamente ao evangelho. Isso é verdade, pois é o amor de Cristo por nós, como visto no evangelho, que provê tanto a razão correta como a única motivação duradoura para buscar ser puro de coração.

Mas precisamos de mais do que uma razão adequada e uma motivação vigorosa, se queremos crescer em pureza de coração. Precisamos de que o Espírito Santo atue em nosso coração e nos capacite a colocar isso em prática. Duas passagens resumem nossa responsabilidade de crescer em pureza de coração. A primeira é Salmos 86.11:

> *Ensina-me teu caminho, SENHOR,*
> *para que eu caminhe na tua verdade;*
> *une meu coração ao temor do teu nome.*

Não podemos com nossa própria força de vontade unir nosso coração ao temor de Deus — isto é, para reverenciá-lo e buscar glorificá-lo. É por isso que, como Davi, devemos fazer da oração, por esse objetivo, parte constante de nossa vida diária.

A segunda passagem é Romanos 12.2:

> *Não vos conformeis a este mundo, mas sede transformados pela renovação da vossa mente, para que experimenteis qual seja a boa, perfeita e agradável vontade de Deus.*

Embora as Escrituras não sejam mencionadas no versículo, elas claramente estão implícitas. Nossa mente só pode ser transformada à medida que for regularmente exposta à Palavra de Deus. Isso significa que precisamos ler e estudar regularmente nossa Bíblia e aplicar o que encontramos nela à nossa vida diária.

Ser — ou melhor, buscar ser — puro de coração gera a humildade em ação à medida que vamos nos tornando mais focados em Deus em nossa vida diária. É preciso humildade para reconhecer que não pertencemos mais a nós mesmos, mas a Cristo. E gera humildade perceber o quanto nosso coração está dividido — com que frequência nossos desejos, motivações, emoções e tomadas de decisão se dirigem a nós mesmos, e não a Cristo.

Reconhecer o quão aquém estamos da pureza de coração nos levará de volta às primeiras Bem-Aventuranças: a sermos pobres de espírito e a chorar por tantas e tantas vezes termos um coração dividido. Isso gera humildade. Mas essa humildade sincera deveria nos levar de volta ao evangelho, onde nos vemos unidos àquele que teve o único coração perfeitamente limpo em toda a história. Isso nos motivará e nos capacitará a buscar aquilo que nunca poderemos alcançar plenamente: ser puros de coração.

Gosto muito dos antigos hinos com que cresci, e ultimamente venho pensando no hino *My faith looks up to thee* [Minha fé olha para ti]. Os últimos versos da primeira estrofe são assim:

Toda minha culpa tira,
Que a partir deste dia
Eu seja todo teu!

"Que eu seja todo teu." Ser puro de coração é isso. Eis a prece que faço por mim mesmo, e oro para que também seja a sua.

Capítulo oito

PACIFICADORES

*Bem-aventurados os pacificadores,
pois serão chamados filhos de Deus.*

MATEUS 5.9

Conflito e a resultante necessidade de pacificação voltam tão longe na história humana quanto Caim, o filho de Adão e Eva que matou seu irmão, Abel. Desde então tem havido conflito entre tribos e nações, e em nossa época entre sindicatos e patrões, entre estudantes e diretores de escola — e, é triste dizer, com demasiada frequência entre facções de igrejas ou denominações, ou mesmo dentro de famílias.

Hoje, portanto, há uma grande necessidade de pessoas capazes de desempenhar o papel de pacificadores, seja entre nações, seja entre funcionários e patrões, seja entre estudantes e diretores. Existe, aliás, uma bela organização, chamada Peacemaker Ministries, que busca mediar a paz entre as igrejas ou as famílias. Deveríamos ser gratos a todas as pessoas que buscam ser pacificadoras nos vários níveis da sociedade.

Todavia, Jesus, sem dúvida, não tinha nenhuma dessas pessoas em mente quando disse: "Bem-aventurados os pacificadores". Ele dirigia suas palavras a pessoas sem o menor poder de desempenhar o papel de pacificadoras em escala nacional ou internacional. Jesus sequer tinha em mente as pessoas que têm o dom e o preparo para trazer paz às igrejas ou às famílias, por mais importante que esse tipo de ministério seja. Na verdade, como em todas as Bem-Aventuranças, ele estava falando de algo que deveria se aplicar a todos os seus ouvintes na época e que deve se aplicar a todos os cristãos hoje.

Jesus estava falando de fazer as pazes quando nós mesmos estamos envolvidos em conflito com outros. Assim, para investigar essa Bem-Aventurança, precisamos ir à raiz dos conflitos entre nós.

Ao ler as cartas do Novo Testamento, você perceberá que os conflitos são abordados com muita frequência. Em Gálatas 5.15, Paulo adverte: "Mas, se mordeis e devorais uns aos outros, cuidado para não serdes consumidos uns pelos outros". Ao escrever sobre as obras da carne e mencionar pecados gritantes como a imoralidade sexual, ele também cita pecados como inimizade, contendas, inveja, ira e semelhantes (Gl 5.19-21). Quando Tiago pergunta: "O que causa discórdias e o que causa brigas entre vós?" (Tg 4.1), ele está escrevendo dentro do contexto geral da passagem, que trata da língua afiada (Tg 3.6—4.2). No Antigo Testamento, Salomão trata do mau uso da língua quando escreve: "A resposta branda desvia o furor, mas a palavra dura provoca a ira" (Pv 15.1).

Muitas vezes é o uso pecaminoso de nossa língua que causa conflito. Mas a língua é apenas um instrumento. O verdadeiro problema é o coração, porque Jesus disse: "Pois a boca fala do que o coração está cheio" (Mt 12.34). É por causa do orgulho, da raiva, da inveja e assim por diante em nosso coração que dizemos palavras ásperas e dolorosas uns aos outros. E é porque guardamos as ofensas dos outros e nutrimos rancor em nosso coração que nos envolvemos em conflitos verbais.

Para nos tornarmos pacificadores, portanto, precisamos começar com nós mesmos. Precisamos perguntar a nós mesmos: "Por que faço críticas injuriosas aos outros? Por que busco diminuí-los com meus comentários?". Também precisamos perguntar a nós mesmos: "Qual é o motivo do meu ressentimento por essa pessoa?", ou: "Por que continuo a nutrir rancor por essa pessoa em vez de simplesmente perdoá-la? O que me leva a sentir inveja ou ciúmes dessa pessoa?".

A fim de fazermos essas perguntas, precisamos antes admitir que temos tais atitudes. Como sabemos, todavia, que elas são pecaminosas, tendemos a negar para nós mesmos que as temos.

Precisamos lidar com as paixões pecaminosas em nosso coração antes de poder lidar com qualquer tipo de conflito com os outros. Por onde começar? Uma boa ideia seria reavaliar cada uma das Bem-Aventuranças anteriores e, cuidadosamente e em oração, nos perguntarmos como está nosso desempenho em cada um desses traços de caráter. Sou pobre de espírito? Choro pelo meu pecado? Sou realmente manso diante de Deus e com respeito aos outros? Tenho realmente fome e sede de justiça, não só em minha conduta, mas também em meu coração? Sou misericordioso para com aqueles que pecam contra mim, porque estou ciente de quão misericordioso Deus foi comigo? Busco ter um coração focado unicamente em Deus, com base no fato de que não sou mais de mim mesmo, mas sim propriedade de Cristo? E, se realmente sou propriedade dele, será que realmente importa como sou tratado? Porque isso é problema dele.

Se fizermos essas perguntas a nós mesmos com total sinceridade, o resultado deverá ser um profundo senso de humildade. Só então teremos condições de nos tornarmos pacificadores.

Fazer as pazes quando há conflito com outra pessoa não é mera opção para nós. É mandamento de Deus. Devemos *lutar* pela paz com todo mundo (Hb 12.14). A palavra *lutar* é tradução da palavra grega *diōkō*. É uma palavra muito intensa, em geral traduzida por *buscar*. Paulo a usa em Filipenses 3.12, 14 para dizer: "Prossigo para o alvo". Em 2Timóteo 2.22, ele estimula Timóteo a "buscar [*diōkō*] [...] a paz". Pedro, citando Salmos 34.14, escreve: "... que ele busque a paz e nela insista [*diōkō*]" (1Pe 3.11). Todas essas expressões transmitem uma atitude de intensidade, a qual eu chamo de *desejo sincero* e *esforço sincero* para trazer a paz onde há conflito com outra pessoa. A expressão de Paulo "prossigo para o alvo" parece retratar a perseverança mesmo em face de uma reação desanimadora por parte de outra pessoa ou pessoas.

Como isso se manifestaria na vida cotidiana? Paulo nos dá algumas admoestações em Romanos 12.14-21.

Abençoai os que vos perseguem (v. 14) é uma afirmação assombrosa: em vez de retaliar, devemos abençoar. É fácil ignorar a instrução como se não se aplicasse a nós, porque não sofremos perseguição de verdade. Mas há um princípio aqui que não devemos ignorar: devemos abençoar todos os que nos maltratam, sejam quais forem os maus tratos. Podem ser palavras ou ações que ferem, mas, seja o que for, devemos abençoar a pessoa.

Certamente não devemos *pagar o mal com o mal* (v. 17) e tampouco devemos *nos vingar* de forma alguma (v. 19). Devemos deixar a vingança para Deus. Isso não significa orar para que o juízo de Deus sobrevenha à pessoa, mas sim confiar nossa situação àquele que julga com perfeita justiça.

Podemos facilmente perceber pelas palavras de Jesus e pelos escritos do apóstolo Paulo, que escreveu sob orientação direta do Espírito Santo (2Pe 1.21), que eles viraram os valores do mundo de ponta-cabeça. Abençoar em vez de retaliar, deixar a justiça nas mãos de Deus em vez de buscá-la por conta própria, é algo que está completamente além dos valores da sociedade. E, infelizmente, muitas vezes parece ser algo que está além de nossos valores. Mas, se queremos viver de forma bíblica, são esses os padrões segundo os quais devemos buscar viver diariamente.

No entanto, por mais que nos esforcemos, pode haver momentos em que a pessoa com quem estamos em conflito não demonstrará atitude recíproca. Nesse caso, Paulo diz: "Se possível, no que depender de vós, vivei em paz com todos" (Rm 12.18). Como podemos fazer isso? Jesus nos diz: "Amai vossos inimigos e orai por aqueles que vos perseguem" (Mt 5.44). Estamos dispostos a orar por aqueles que nos feriram, para que Deus os abençoe?

Ser um pacificador, então, significa que absorvemos as palavras ou os atos dolorosos dos outros sem dar vazão ao rancor, sem retaliar e mesmo sem cortar os laços com a pessoa. Quando menciono atos dolorosos, não incluo atos fisicamente abusivos. Essa questão está além do alcance deste livro, pois diz respeito ao *processo* da pacificação. (Em minha opinião, o melhor livro a respeito do processo é *The peacemaker*,[1] de Ken Sande.) Mas atos ofensivos como fofoca, calúnia ou palavras iradas dirigidas a alguém podem danificar ou mesmo pôr fim ao relacionamento entre duas ou mais pessoas. Ser pacificador significa tomar a iniciativa de restaurar esses relacionamentos rompidos ou danificados, mesmo quando a principal causa da ruptura jaz no outro. E requer, sobretudo, tomar a iniciativa quando você é aquele que causou o dano no relacionamento.

Ser pacificador significa que devemos buscar nos libertar do egoísmo e não nos concentrar apenas em como as situações nos afetam. Em vez disso, devemos nos preocupar com a glória de Deus e com a melhor forma de promover essa glória em situações de conflito. Um dos maiores exemplos da humildade em ação é agir como pacificador nos conflitos que nos incluem.

Essa humildade não pode simplesmente ser encenada como expressão exterior. Ela precisa vir do coração, e isso é obra do Espírito Santo. Mas o Espírito Santo usa certos meios, e seus principais meios são a Palavra de Deus e as nossas orações. Assim, permita-me sugerir duas passagens de 1Pedro para sua reflexão e oração.

Em 1Pedro 2.18-19, Pedro se dirige aos servos:

> *Servos, sede sujeitos a vossos senhores com todo o respeito, não somente aos bons e gentis, mas também aos injustos. Pois é digno de louvor que, por motivo da consciência para com Deus, alguém suporte tristezas sofrendo injustamente.*

Embora esteja tratando de uma situação específica, Pedro está usando um princípio que qualquer um de nós pode aplicar a situações em que sejamos feridos ou tratados injustamente. Note as palavras de Pedro: "Pois é digno de louvor que, por motivo da consciência para com Deus, alguém suporte tristezas sofrendo

---

[1] Ken Sande, *The peacemaker: a biblical guide to resolving personal conflict*, 3. ed. (Grand Rapids: Baker Books, 2004) [publicado em português por CPAD sob o título *O pacificador*].

injustamente", e mais uma vez no versículo 20: "... isso é digno de louvor aos olhos de Deus". Por que é digno de louvor aos olhos de Deus? Porque estamos buscando agradar e glorificar a ele em vez de nos preocuparmos com nós mesmos.

Pedro então invoca o exemplo de Cristo:

> *Ele não cometeu pecado, nem se achou engano algum em sua boca. Quando era insultado, não retribuía o insulto; quando sofria, não ameaçava, mas continuava se entregando àquele que julga com justiça.*
> 1 PEDRO 2.22-23

A resposta de Jesus quando foi insultado responde à pergunta: "E o pecado da outra pessoa? Quem fará alguma coisa a respeito?". Jesus confiava o resultado a Deus, e é isso que nós também devemos fazer.

Assim, se você está passando por conflitos neste momento, sobretudo se você é a pessoa ferida na situação, insisto em que reflita sobre o princípio das palavras de Pedro aos servos e depois sobre o exemplo de Jesus. Medite cuidadosamente sobre essas palavras à luz do que está vivendo e peça ao Espírito Santo que o capacite a aplicá-las à sua situação. Dessa forma, você estará demonstrando a verdadeira humildade em ação.

Pacificar pode significar mais do que simplesmente restaurar um relacionamento danificado. Pode ir além disso e ser o começo de uma bela amizade. Isso é demonstrado pela experiência de um de meus melhores amigos. Eis o que ele disse:

> Alguns anos atrás, em Michigan, meu pai morreu, e um ano depois foi a vez de minha mãe. Eu estava casado, tinha dois filhos e morava na Califórnia na época. Todos nós voltamos a Michigan para o velório e para tratar das questões da casa e dos pertences de meus pais.
>
> Tenho uma irmã alguns anos mais velha e sempre tivemos um relacionamento difícil e conturbado. Eu basicamente me sentia rejeitado por ela como resultado de muitos acontecimentos dolorosos em nossa história. Durante a semana que se seguiu ao

velório, não dava para negar a tensão entre nós. Cheguei a pensar que talvez fosse a última vez que eu a veria.

Depois de voltar à Califórnia, encontrei-me com alguns amigos próximos. Era um encontro semanal que realizávamos para compartilhar nossa vida e crescer juntos com nosso Senhor Jesus. Ao ouvir sobre os momentos conturbados que eu havia recentemente passado com minha irmã, um de meus irmãos me disse: "Você ama sua irmã?". "Sim", respondi, e ele perguntou: "Com que frequência você fala com ela?". Naquele momento, vi em meu coração que a única razão pela qual eu havia me conectado com ela era para realizar meu dever e me aliviar de qualquer sentimento de culpa. O fato era que eu não a amava de verdade.

Pouco tempo depois, o Senhor deixou claro para mim seu amor por minha irmã e o quanto ela era importante para ele. Também deixou claro para mim que eu precisava amá-la e que ela era importante para mim.

Mais ou menos um mês depois, eu liguei para ela só para dizer "oi" e ter uma conversa casual. Continuei a fazer isso a cada dois ou três meses durante alguns anos. Demorou bastante para eu receber um telefonema dela, mas eu estava decidido a reconquistar nossa amizade. Fiz isso de forma mecânica por um longo tempo, enquanto Deus, fielmente, derramava em meu cálice amor verdadeiro por ela.

Cerca de quatro anos depois, ela e sua filha vieram visitar a mim e a minha esposa por alguns dias. Foi ali, finalmente, que as barreiras foram rompidas. Ela me disse que por muito tempo havia se perguntado o motivo de eu ficar ligando para ela e que percebeu, no fim, que era porque eu a amava.

Hoje, muitos anos depois, estamos mais próximos do que eu jamais poderia ter imaginado. Amamos e respeitamos um ao outro. Conversamos com frequência e oramos juntos pelo telefone. Posso dizer que somos *melhores* amigos. Minha irmã, hoje viúva, me ama e diz que sou o homem favorito da vida dela, e eu a amo demais.

Eis um exemplo do que significa ser pacificador.

Capítulo nove

PERSEGUIDOS POR CAUSA DA JUSTIÇA

Bem-aventurados aqueles que são perseguidos por causa da justiça, pois deles é o reino do céu. Bem-aventurados sois quando vos insultarem e perseguirem e disserem toda sorte de mal contra vós falsamente por minha causa. Alegrai-vos e exultai, pois grande é vossa recompensa no céu, porque assim perseguiram os profetas que viveram antes de vós.

MATEUS 5.10-12

A perseguição ao povo de Deus é tão antiga quanto a história da humanidade. A leitura do Antigo Testamento confirmará isso, mas a perseguição daquela época é mais bem resumida pelo autor de Hebreus:

Alguns foram torturados, recusando aceitar livramento, para alcançar melhor ressurreição. Outros experimentaram zombaria e espancamentos, e até mesmo correntes e prisões. Foram apedrejados, serrados ao meio, morreram ao fio da espada. Andaram vestidos de peles de ovelhas e de cabras, miseráveis, aflitos e maltratados.
HEBREUS 11.35-37

A perseguição continuou na época do Novo Testamento, com Estêvão sendo o primeiro mártir cristão (veja At 7). O apóstolo Paulo, antes de sua conversão, quando ainda se chamava Saulo de Tarso, "perseguiu a igreja" (1Co 15.9). Em todos os séculos desde então, cristãos foram perseguidos por causa de Cristo, às vezes até mesmo por autoridades religiosas não cristãs. Todavia, é fato comumente reconhecido que houve mais mártires cristãos no século 20 do que em qualquer século anterior, e isso continua a acontecer no século 21. A perseguição aos cristãos é muito real em algumas partes do mundo hoje.

É difícil para os que vivem no mundo ocidental identificar-se com o fato da perseguição incansável aos cristãos. Aliás, eu acho complicado até mesmo abordar a oitava bem-aventurança porque não vivi pessoalmente qualquer forma de perseguição motivada por minha fé e tampouco conheço alguém que tenha vivido.

Mas a verdade é que muitas pessoas estão enfrentando perseguição não física por defenderem o que é justo. Essa perseguição não física pode se manifestar de diferentes maneiras. Pode se tratar de perseguição política, econômica ou social. Pode ser que a pessoa seja discriminada no trabalho ou mesmo demitida. Pode ser um professor universitário a quem a cadeira seja negada porque ele não adota perspectivas "politicamente corretas" sobre várias questões sociais. Há uma tendência crescente por parte das universidades públicas de exigir que os grupos religiosos estudantis admitam qualquer pessoa como membro ou líder independentemente de sua fé (ou da ausência dela). A exigência parece se dirigir particularmente às organizações cristãs.

Prevejo que vários tipos de perseguição não física se tornarão mais comuns e intensos. Como diz o velho adágio, se você põe um sapo em uma chaleira de água fervente, ele saltará para escapar do perigo. Mas, se você põe o mesmo sapo em água de temperatura agradável e aumenta a temperatura gradualmente até ela ferver, o sapo não se dará conta da ameaça até que seja tarde demais. Creio que a "chaleira" de nossa cultura está esquentando faz algum tempo e logo alcançará o ponto de ebulição. Precisamos estar preparados para responder a isso de formas que honrem a Deus.

Não há dúvida de que a cultura está se tornando cada vez mais antagônica aos valores bíblicos. Há uns bons anos venho pensando que falta temor a Deus em nossa cultura americana; isto é, cremos e agimos como se Deus fosse irrelevante. Agora, contudo, creio que não só nos falta temor, mas nos tornamos uma cultura que se opõe a Deus. É crescente nos meios que mais influenciam nossa cultura — como as universidades, a mídia e a indústria do entretenimento — o número de pessoas francamente hostis à própria ideia de Deus ou de valores bíblicos. Como devemos responder?

É verdade que nos Estados Unidos podemos recorrer a um sistema judicial e à proteção do livre exercício da religião na Primeira Emenda, e devemos nos servir desses meios quando necessário para defender nossa liberdade religiosa. Afinal, duas vezes o apóstolo Paulo reivindicou sua cidadania romana como forma de se proteger da perseguição injusta (veja At 16.35-39; 22.22-29). E quando percebeu haver no sistema jurídico de Cesareia um viés contra ele, Paulo apelou diretamente a César (At 25.11) — ainda que César, no fim, não tenha atendido ao apelo (2Tm 4.6).

Tenho minhas suspeitas de que nosso sistema judicial acabará não atendendo aos nossos clamores à medida que mais e mais juízes graduados em faculdades de Direito indiferentes à justiça bíblica (na melhor das hipóteses) ou francamente hostis a ela (na pior) são empossados. Até mesmo nossa Suprema Corte parece estar tomando decisões baseadas na moral da cultura popular e não na aplicação judiciosa da Constituição.

Está bem claro que a Bíblia não tem mais autoridade moral sobre a sociedade como um todo. Devemos esperar a marginalização crescente dos cristãos, e em alguns casos a restrição de nossa liberdade religiosa. Como responder? Certamente não com uma atitude combativa de guerra cultural. Na verdade, nossa resposta deve basear-se no princípio que Jesus ensinou em Mateus 5.44: "Mas eu vos digo: Amai vossos inimigos e orai por aqueles que vos perseguem".

Enquanto observo a resposta de muitos cristãos ao solapamento do que viemos a denominar "valores tradicionais", temo que nossa atitude em nada difira da atitude de muitos não cristãos que talvez não deem a mínima para a Bíblia, mas desejam defender esses valores. Em vez de amar aqueles a cujos atos e estilos de vida nos opomos, parece que nossa atuação nesse campo é muitas vezes incompatível com a exortação de Jesus a amar nossos inimigos.

Em meados da década de 1970, o aborto era alvo de protestos inflamados por parte dos cristãos, e com justiça. Participei de uma reunião cujo tema era a resposta cristã adequada a essa questão, e lembro-me de um líder cristão dizendo que nós, evangélicos, precisamos nos tornar cobeligerantes dos católicos, que também se opunham convictamente ao aborto. Tecnicamente, a palavra *cobeligerante* se aplica a um país lutando ao lado de outro contra um inimigo comum. O líder o estava adaptando ao tema do aborto. Suspeito que todos nós tenhamos concordado na época, mas, quando penso naquela reunião hoje, fico chocado com o fato de ele ter usado (e nós aceitado) o termo *cobeligerantes*. Aliados, sim, mas cobeligerantes? O termo denota hostilidade. Ele certamente não sugere a humildade que Cristo ensinou quando nos chamou a amar nossos inimigos e orar por aqueles que nos perseguem.

Há um sentido em que essa oitava bem-aventurança é o apogeu das várias anteriores que também lidam com nossa resposta à forma como os outros nos tratam. Na terceira bem-aventurança, Jesus nos ensina a praticar a mansidão para com aqueles que nos agridam de alguma forma. Na quinta bem-aventurança somos ensinados a perdoar os outros, por mais que pequem contra nós. E a sétima bem-aventurança nos ensina a lutar pela paz com todas as pessoas, não importando quem esteja errado. Os "outros", nessas bem-aventuranças, podem ou não ser outros cristãos — ainda que, é triste dizer, muitas vezes sejam. Mas na oitava bem-aventurança, Jesus tem em mente a perseguição baseada na hostilidade da cultura oposta a Deus em que vivemos.

É surpreendente que nessa bem-aventurança Jesus não trate de nossa resposta àqueles que nos perseguem. Mas, como já mencionei, ele o faz em outras partes do Sermão do Monte. Em Mateus 5.44, ele diz: "Amai vossos inimigos e orai por aqueles que vos perseguem". No relato do sermão em Lucas, Jesus diz: "Mas digo a vós que ouvis: Amai vossos inimigos, fazei o bem aos que vos odeiam, abençoai os que vos amaldiçoam e orai pelos que vos maltratam" (Lc 6.27-28). Tenha em mente que essas palavras de Jesus são *preceitos* — mandamentos impositivos de Deus. Além disso, eles não tratam apenas de nossa *atitude* para com aqueles que nos perseguem. Eles são passos de *ação*: devemos *amar* nossos inimigos, *fazer o bem* a eles, *abençoá-los* e *orar* por eles. Como esses passos se darão na prática variará de acordo as situações, mas eles devem ser regidos pelas palavras de Jesus bem como pela consciência de que essas pessoas têm uma alma eterna e passarão a eternidade ou no céu ou no inferno.

Outra pergunta importante é: como responderemos se nossa liberdade religiosa for restrita e os tribunais nos derem as costas? Será que nos julgaremos abençoados por ser insultados ou perseguidos por causa da justiça? Quando a coisa ficar feia, acreditaremos de fato que Deus é soberano sobre todos os atos humanos? Creremos nas palavras que o rei Nabucodonosor aprendeu na prática?

> *Todos os moradores da terra são considerados nada,*
> * e ele faz conforme sua vontade entre o exército do céu*
> * e entre os habitantes da terra;*
> *ninguém pode deter sua mão*
> * e lhe dizer: Que fizeste?*
>
> DANIEL 4.35

Acreditaremos que, apesar das aparências, Jesus está edificando sua igreja e que "as portas do inferno não prevalecerão contra ela" (Mt 16.18)?

Faço todas essas afirmações na forma de perguntas porque não sei se eu mesmo as responderia da maneira correta e se agiria de modo correspondente, se e quando os dias difíceis chegarem. Mas acredito que o dia está chegando e que precisamos começar agora a nos preparar para responder de uma forma que honre a Deus.

Ao refletir sobre nossa resposta cristã à perseguição, também precisamos pensar com cuidado sobre nossa resposta às autoridades governamentais. Nosso melhor guia bíblico para o tema provavelmente é 1Pedro 2.13-17:

Sede sujeitos por causa do Senhor a toda instituição humana, seja ao imperador como soberano, seja aos governadores como enviados por ele para punir aqueles que fazem o mal e louvar aqueles que fazem o bem. Pois esta é a vontade de Deus, que fazendo o bem caleis a ignorância dos insensatos. Vivei como pessoas livres, não usando a liberdade como pretexto para o mal, mas vivendo como servos de Deus. Honrai a todos. Amai a irmandade. Temei a Deus. Honrai o imperador.

Pedro escreveu essas palavras durante o reino de Nero, um dos mais terríveis perseguidores dos cristãos, e ele diz: "Honrai o imperador". Lembre-se, Pedro escreveu sob orientação divina do Espírito Santo, e este é, portanto, mais um preceito de Deus. Devemos honrar aqueles que têm autoridade sobre nós (veja também Rm 13.1-7).

É difícil em nossa sociedade democrática — onde elegemos as autoridades que nos governam, de vereadores a presidentes — saber como aplicar as diretrizes de Pedro, fornecidas no contexto do governo absoluto do imperador e dos governantes locais por ele designados.

Creio que a palavra-chave aqui é *honra*, ou, poderíamos dizer, *respeito*. Mesmo que discordemos totalmente de um oficial eleito, devemos respeitar o cargo.

Mas em uma sociedade democrática e cada vez mais igualitária, nós em grande parte perdemos a ideia de respeito. Foram doze os presidentes que serviram os EUA durante minha vida adulta. Muitas vezes discordei de algumas das políticas e ações deles. Mas acredito que a Bíblia me ensina a honrá-los e respeitá-los porque Deus, agindo por meio de nosso processo eleitoral, soberanamente os empossou nesses cargos. Como disse Daniel: "O Altíssimo governa o reino dos homens e o dá a quem ele quer" (Dn 4.25). Assim, uma resposta bíblica àqueles que podem vir a nos perseguir e uma atitude bíblica para com as autoridades que nos governam são expressões da humildade em ação.

Entrementes, enquanto lutamos para agir biblicamente em nossa sociedade cada vez mais hostil a Deus, pensemos em nossos irmãos e irmãs em Cristo que estão sofrendo perseguição de verdade (e às vezes até mesmo sendo mortos) em muitos países do mundo atual. Embora Jesus tenha dito que eles são bem-aventurados (Mt 5.10-12), a perseguição torna a vida deles difícil e dolorosa. Devemos orar habitualmente para que a graça sustentadora de Deus esteja com eles, por sua segurança e por libertação das perseguições que estão sofrendo. Podemos achar que a oração por nossos irmãos e irmãs perseguidos é um esforço mísero ou mesmo inútil, mas lembre-se das palavras de Tiago: "A oração de uma pessoa justa tem grande poder, em sua eficácia" (Tg 5.16). Deus continua em seu trono, e como diz Provérbios 21.1: "O coração do rei é corrente de águas nas mãos do SENHOR; ele o dirige para onde quer".

Obteremos perspectiva verdadeira sobre nosso próprio sofrimento quando percebermos quão maior é o sofrimento pelo qual nossos irmãos e irmãs perseguidos estão passando.

Enquanto trabalhava neste capítulo, um verso de um antigo hino de Isaac Watts (1674-1748), o grande compositor de hinos, vinha sempre à minha mente. Incluo aqui esta estrofe de *Am I a soldier of the cross* [Sou eu soldado da cruz], orando para que ela desafie você tanto quanto desafiou a mim.

> *Devo ao céu ser carregado*
> *Em leitos cômodos, floridos,*
> *Outros tendo pelejado,*
> *Mares de sangue navegado?*

Quis a providência divina que nossa vida, aqui no Ocidente, seja em geral de "leitos cômodos, floridos". Lembremo-nos constantemente e em oração dos cristãos em outras partes do mundo que estão "navega[ndo] mares de sangue". Será mais uma demonstração da humildade em ação.

Capítulo dez

A HUMILDADE E O EVANGELHO

*Jesus lhes respondeu: Os que estão bem não
precisam de médico, mas aqueles que estão doentes.
Não vim para chamar os justos,
mas sim os pecadores ao arrependimento.*

LUCAS 5.31-32

O apóstolo Paulo escreveu sua primeira carta aos coríntios por volta de 54 d.C. Nela, ele se referiu a si mesmo como "o menor dos apóstolos" (1Co 15.9). Em 62 d.C., em sua carta aos efésios, ele se considerou "o menor de todos os santos" (isto é, todos os cristãos — Ef 3.8). Por volta de 63-64 d.C., em sua primeira carta a Timóteo, ele se referiu a si mesmo como o principal dos pecadores (1Tm 1.15).

Do menor dos apóstolos, ao menor de todos os santos, ao principal dos pecadores, tudo no espaço de menos de dez anos. Superficialmente parece que Paulo estava regredindo na vida cristã, mas na verdade ele estava progredindo. Paulo estava crescendo em humildade, um dos dois traços de caráter fundamentais do cristão (o outro é o amor).

Se você fez uma avaliação sincera de si mesmo à luz dos oito traços de caráter das Bem-Aventuranças, provavelmente percebeu que é um pecador pior do que pensava. Talvez até queira se unir ao apóstolo Paulo como o principal dos pecadores. Se essa é sua autoanálise, você está no caminho certo. É sinal de que está crescendo em humildade. Mas o que impedirá que desanimemos à medida que ficamos cada vez mais conscientes do pecado que ainda habita em nós? A resposta é o evangelho.

É no evangelho, nas boas-novas, que nossos pecados — por muitos que sejam, e por mais feios que sejam — foram todos perdoados pelo sacrifício de Cristo na cruz. E, além disso, não só estamos perdoados, mas também nos é imputada a justiça do próprio Cristo.

A maioria dos cristãos presume que o evangelho se dirige apenas aos não cristãos. Eles veem o evangelho apenas como uma porta pela qual você entra para ser salvo. A realidade, contudo, é que o evangelho está mais para um caminho que você trilha pelo resto da vida até o dia em que partir para estar com o Senhor. Para dizer isso em palavras simples, os cristãos precisam se apropriar do evangelho para si mesmos todos os dias. Por quê? Porque ainda somos pecadores costumeiros e, sem a garantia diária do evangelho, podemos começar a achar que, ao menos naquele dia, perdemos a graça de Deus.

Algumas pessoas que realmente desejam crescer no caráter cristão dizem ter a impressão de que "Deus não para de recuar o alvo": quanto mais elas crescem, mais percebem sua necessidade de crescer.

A verdade, no entanto, é que Deus não está recuando o alvo. Ele estabeleceu um alvo irremovível que nós nunca alcançaremos. O alvo é descrito em Gálatas 3.10:

> *Pois todos os que dependem das obras da lei estão debaixo de maldição; porque está escrito: Maldito todo aquele que não permanece em todas as coisas escritas no livro da lei, para praticá-las.*

Note a expressão "todas as coisas". No contexto, *todas* é termo absoluto. Significa "sem exceção".

O "todas as coisas" de Gálatas 3.10 refere-se ao "Livro da lei". Já se contaram mais de seiscentas leis de Deus só no Antigo Testamento. Mas Jesus as resumiu em apenas duas:

> *Amarás o Senhor teu Deus de todo o coração e de toda a alma e de todo o entendimento. Este é o maior e o primeiro mandamento. E o*

segundo é semelhante: Amarás o teu próximo como a ti mesmo. Desses dois mandamentos dependem toda a Lei e os Profetas.
MATEUS 22.37-40

Jesus resumiu todos os mais de seiscentos mandamentos em apenas dois: ame a Deus acima de tudo e ame ao próximo como a si mesmo. É esse o alvo irremovível de Deus. E nenhum de nós sequer chegou perto de alcançá-lo, mesmo em nossos melhores dias.

Essa é a má notícia. Mas a boa notícia é que existe alguém que o alcançou: nosso Senhor Jesus Cristo.

Durante os 33 anos de Jesus na terra, ele viveu uma vida perfeitamente justa. Ele não pecou nem uma vez sequer. Os autores do Novo Testamento dão testemunho constante da ausência de pecado em Cristo. Paulo afirmou que ele "não conheceu pecado" (2Co 5.21). O autor de Hebreus disse: "Em todos os aspectos [ele] foi tentado como nós o somos, porém sem pecado" (Hb 4.15). O apóstolo Pedro escreveu: "Ele não cometeu pecado" (1Pe 2.22), e João disse: "Nele não há pecado" (1Jo 3.5). O próprio Jesus disse: "Faço sempre as cosias que são agradáveis [a meu Pai]" (Jo 8.29).

Sim, Jesus alcançou o alvo da justiça perfeita. Aliás, não deveríamos dizer que ele o *alcançou*; na verdade, ele sempre esteve lá, desde o momento em que nasceu até o momento em que entregou a vida na cruz. Foram 33 anos de perfeita justiça, e tudo isso ele viveu em nosso lugar como nosso representante diante de Deus. No fim dessa vida perfeitamente justa, ele voluntariamente morreu na cruz para satisfazer a justiça de Deus, novamente em nosso lugar e como nosso substituto diante de Deus.

O primeiro capítulo deste livro é intitulado "Preceitos e promessas", mas há outra associação de palavras igualmente válida: "preceitos e penas". Toda lei, mesmo em nossa esfera temporal, precisa ter uma pena associada a ela; caso contrário, não há como aplicá-la. E na lei de Deus a pena é a morte — tanto a morte física como a morte espiritual e eterna (Rm 6.23). Jesus não só obedeceu perfeitamente à lei de Deus, mas também cumpriu nossa pena por não obedecermos perfeitamente a ela. Voltamos à bela observação de que "ele viveu a vida que não podíamos viver e morreu a morte que merecíamos morrer".

Esse é o evangelho, a mensagem da "boa-nova". Essa é porta pela qual cada um de nós precisa entrar por meio da confiança em Cristo como aquele que carregou *nossos* pecados em seu corpo na cruz. Mas, como eu disse antes, o evangelho também é um caminho que precisamos trilhar até o dia de nossa morte. Enquanto caminho, aprendo que Jesus não só morreu em meu lugar, mas também viveu essa vida perfeitamente justa em meu lugar. É então que as boas-novas do evangelho realmente se tornam boas-novas!

Como é, então, que as boas-novas do evangelho nos ajudam a viver a vida diária em humildade? Para começar, elas nos deixam livres para encarar nosso pecado com sinceridade. Podemos encarar nosso pecado de frente quando sabemos que ele está perdoado. Mesmo quando um pecado específico é vil a nossos olhos — para não mencionar os olhos de Deus —, podemos chamá-lo daquilo que ele é e agradecer a Deus pelo perdão.

Minha forma pessoal de fazer isso é reconhecer o pecado específico sem inventar nenhuma desculpa, e então citar Isaías 53.6 para mim mesmo e para Deus: "Todos nós como ovelhas nos havíamos desgarrado; havíamos seguido — todos nós — por nossos próprios caminhos". Paro nesse ponto e digo: "Senhor, esse sou eu em meu pecado. Desviei-me para meu próprio caminho". E então continuo: "E tu, Senhor, fizeste sobrevir a ele, a teu Filho, toda minha iniquidade — aí incluído este pecado deplorável que agora confesso". Faço isso, ou algo parecido, à medida que vou me tornando consciente do pecado ao longo do dia.

A segunda forma como o evangelho nos ajuda a viver uma vida de humildade é nos mostrar o pecado de outra pessoa à luz do nosso. Para parafrasear e mesmo ampliar as palavras de um dos grandes puritanos, a pessoa orgulhosa (ou farisaica) está tão ocupada julgando os pecados alheios que não lhe sobra tempo para enxergar os pecados do próprio coração. Já a pessoa humilde está tão ocupada lidando com os próprios pecados que não lhe sobra tempo para julgar os pecados alheios.

Muitas pessoas, quando deparam com um pecado alheio, repetem o clichê: "Pobre de mim, não fosse a graça de Deus". Elas não raro usam a expressão de forma irrefletida; pior, às vezes a usam com um sentido sutil de "eu jamais faria isso", ou para sutilmente condenar alguém que tenha falado mal de outra pessoa. Assim, em vez de ser expressão de verdadeira humildade, ela pode se tornar uma expressão de orgulho farisaico, tão enganador é nosso coração, renovado, mas ainda pecaminoso. Mas, quando proferida ou mesmo pensada com sinceridade, essa é uma boa expressão que deveria nos incentivar a ser humildes.

Uma terceira forma como o evangelho nos ajuda a caminhar em humildade: ele nos ajuda a praticar a mansidão e a misericórdia (veja capítulos 4 e 6). Só podemos apreciar de verdade o evangelho quando o enxergamos pela lente de nosso pecado. E, ao fazermos isso, podemos perdoar o pecado dos outros, porque tão grande dívida nos foi perdoada.

Quarto, o evangelho nos motiva a querer viver em pureza de coração — isto é, a ter como objetivo supremo da vida não mais viver para nós mesmos, mas por aquele que nos redimiu para ser um povo de posse exclusiva dele. Lembre-se do capítulo 7: foi o amor de Cristo por Paulo, evidenciado pela morte de Cristo, que constrangeu o apóstolo a viver daquela forma. Como mencionei naquele capítulo, muitas vezes me pego orando alguns versos do antigo hino *My faith looks up to thee* [Minha fé olha para ti].

Toda minha culpa tira,
Que a partir deste dia
Eu seja todo teu!

"Toda minha culpa tira" — apegar-se ao evangelho é isso. "Que a partir deste dia eu seja todo teu" — orar por um coração puro é isso. Mas o desejo é impulsionado pelo evangelho.

Em suma, eu diria que é impossível realmente caminhar em humildade sem que, em algum grau, você se aproprie do evangelho todos os dias. A pergunta natural, então, é: como fazer isso?

Ora, desenvolvendo a prática de meditar e orar sobre as principais passagens bíblicas que tratam do evangelho. É preciso que você as escolha — versículos que o tenham impactado. Mas, como ponto de partida, seguem algumas passagens que escolhi para praticar a apropriação diária do evangelho.

Minha passagem favorita sobre o evangelho é 2Coríntios 5.21: "Por nós ele tornou pecado aquele que não conheceu pecado, para que nele nos tornássemos justiça de Deus". O versículo precisa ser explicado, todavia, para que entendamos o que Paulo está dizendo. Deus tornar Cristo "pecado" não significa que ele o tornou um pecador, mas que ele o fez *suportar* nosso pecado. Deus Pai tomou *todo* o pecado de *todos* nós — pecados de comissão e omissão; pecados de pensamento, palavra, ato e motivação; pecados dos quais sequer temos consciência; *todos* eles — e os derramou sobre a cabeça de seu Filho amado. Ele imputou a dívida *inteira* de *todos* os nossos pecados a Cristo. E, por meio de sua morte na cruz, Cristo pagou a dívida.

A passagem que melhor me ajuda a entender o que Paulo está dizendo é Isaías 53.6:

> *Todos nós como ovelhas nos havíamos desgarrado;*
> *havíamos seguido — todos nós — por nossos próprios caminhos;*
> *e o* Senhor *fez cair sobre ele*
> *a iniquidade de nós todos.*

Note o fim do versículo: "O Senhor fez cair sobre ele a iniquidade de nós todos". É isso que Paulo quis dizer quando escreveu: "[Deus] o tornou pecado".

Também seria boa ideia decorar o versículo anterior, Isaías 53.5, para reflexão:

> *Mas foi ferido por nossas transgressões;*
> *foi esmagado por nossas iniquidades;*
> *sobre ele estava o castigo que nos trouxe a paz,*
> *e por suas feridas somos sarados.*

Esse versículo desenvolve em maiores detalhes o sentido do versículo 6.

Para tornar a verdade do versículo 5 mais pessoal, gosto de mudar os pronomes. O versículo, dessa forma, ficaria:

Foste ferido por minhas transgressões;
 foste esmagado por minhas iniquidades;
sobre ti estava o castigo que me trouxe a paz,
 e por tuas feridas estou sarado.

Dessa forma realmente me aproprio do evangelho — ou, para usar a expressão conhecida, "prego o evangelho para mim mesmo todos os dias".

A segunda parte de 2Coríntios 5.21 — "... para que nele nos tornássemos justiça de Deus..." — também precisa de explicação. Obviamente não nos tornamos em nós mesmos tão justos como o próprio Deus. O segredo para entender as palavras de Paulo está na pequena palavra *nele*, que é a expressão abreviada de Paulo para nossa união representativa com Cristo. Deus designou Jesus para representar diante dele todos aqueles que confiam em Jesus para a salvação. Assim, tudo o que Cristo fez em sua vida sem pecado e na morte em que suportou o pecado, ele o fez em nosso lugar como nosso representante. Dessa forma, a expressão "para que nele nos tornássemos justiça de Deus" significa que podemos ser considerados justos por Deus *porque* ele nos imputa a perfeita justiça que Jesus viveu na prática ao longo de 33 anos.

A passagem que mais me ajuda a entender e aplicar o que Paulo está dizendo é Filipenses 3.9:

... e ser achado nele, não tendo justiça própria que proceda da lei, mas aquela que vem por meio da fé em Cristo, a justiça que vem de Deus pela fé.

O contexto do versículo é o testemunho pessoal de Paulo. Ele renunciou totalmente a qualquer confiança em sua justiça advinda do cumprimento da lei para depender totalmente da justiça de Cristo. Note que ele fala da "justiça que *vem de Deus* pela fé". Paulo usa de novo sua abreviação, "nele", para indicar que é pela união representativa com Cristo que ele recebe essa justiça de Deus — ou, para dizer de outra forma, Deus imputa a justiça de Cristo a ele.

Assim, 2Coríntios 5.21, Isaías 53.6 (e às vezes o v. 5) e Filipenses 3.9 são os versículos principais para minha apropriação diária do evangelho. Às vezes também uso os seguintes versículos:

"Como o Orienta dista do Ocidente, assim ele remove nossas transgressões de nós" (Sl 103.12). A expressão "como o Oriente dista do Ocidente" refere-se a uma distância infinita. Já se observou que, embora Norte e Sul se encontrem um com o outro nos dois polos, Leste e Oeste nunca se encontram. Você pode voar para o Norte, até o Polo Norte, e, uma vez que o atravesse, você imediatamente estará rumando para o Sul. Mas, se você começa a circular a Terra a partir do Ocidente, você sempre estará voando rumo ao Ocidente. Oriente e Ocidente nunca se encontram. Assim, usar a expressão "como o Oriente dista do Ocidente" significa que meus pecados são completamente apagados. Deus os tirou de sua mente. Ele não se lembra mais deles (veja Hb 8.12; 10.17).

"Ainda que os vossos pecados sejam como a escarlata, eles se tornarão brancos como a neve; ainda que sejam vermelhos como o carmesim, se tornarão como lã" (Is 1.18). É a esse versículo que recorro quando me sinto particularmente culpado por meu pecado. A escarlata é uma das tintas mais difíceis de remover da roupa. Nesse versículo Deus está dizendo que, não importa o quão profunda seja a culpa de nosso pecado, ele a removerá completamente. No Novo Testamento aprendemos que ele faz isso por intermédio da morte de Cristo.

"Eu, eu mesmo, sou aquele que apaga tuas transgressões por amor de mim, e não me lembrarei de teus pecados" (Is 43.25). Apagar transgressões significa removê-las do livro de registro de Deus. Em certo sentido, essa é uma transação jurídica. Não se lembrar mais dele é um ato relacional.

"Tu lançarás todos os nossos pecados no fundo do mar" (Mq 7.19). Amo esse versículo porque, como ex-membro da Marinha, sei o que significa alguma coisa ser lançada no fundo do mar. Ela desaparece para sempre. Trata-se de uma imagem vívida do que Deus faz com nossos pecados.

"Bem-aventurados aqueles cujos atos iníquos são perdoados e cujos pecados são cobertos; bem-aventurado o homem a quem o Senhor nunca atribuirá seu pecado" (Rm 4.7-8). Gosto sobretudo do versículo 8, que diz que o Senhor não nos atribuirá nossos pecados. Ele não o fará porque já atribuiu nossos pecados a seu próprio Filho. Ao refletir sobre a verdade do perdão de Deus, jamais devemos pensar que Deus simplesmente apaga nossa dívida de pecado ou, por assim dizer, a varre para debaixo de algum tapete cósmico. Não, a dívida precisa ser paga. A justiça de Deus precisa ser satisfeita. Mas a boa-nova do evangelho é que Jesus pagou a dívida integralmente. Ele satisfez a justiça de Deus de forma completa. É nessa base que Deus não mais atribui nossos pecados a nós.

"Não há, portanto, mais nenhuma condenação para aqueles que estão em Cristo Jesus" (Rm 8.1). Eis um bom versículo para quando nos sentimos condenados. Nós nos sentimos condenados porque sabemos que somos culpados. Deus sabe disso também, mas ele não nos condena porque já lidou com esse pecado por intermédio de Cristo.

"Pois, ignorando a justiça de Deus e procurando estabelecer sua própria, não se submeteram à justiça de Deus. Pois Cristo é o fim da lei para a justiça de todo aquele que crê" (Rm 10.3-4). Essa é uma boa passagem bíblica para acompanhar Filipenses 3.9 no que diz respeito à justiça de Cristo que nos é imputada. Note que Cristo é o fim da lei para a justiça. Ele é o fim da lei para nós porque a cumpriu de forma perfeita como nosso representante. Agora somos justos diante de Deus sobre essa base. Cristo não é o fim da lei no que diz respeito a seus princípios morais. Estes ainda são válidos para nós como expressões da vontade moral de Deus; com eles nós buscamos, por meio da obediência, agradá-lo e glorificá-lo.

São esses os versículos que uso diariamente para me apropriar do evangelho. Além de meus versículos principais (2Co 5.21; Is 53.6; Fp 3.9), escolherei mais um ou dois que, por alguma razão, sejam especialmente importantes para mim naquele dia.

Uma última ideia sobre pregar o evangelho (ou se apropriar dele) a si mesmo. Na passagem citada no começo deste capítulo, Jesus disse: "Os que estão bem não precisam de médico, mas aqueles que estão doentes. Não vim para chamar os justos, mas sim os pecadores ao arrependimento" (Lc 5.31-32). O evangelho é só para pecadores. Precisamos, assim, vir ao evangelho como indivíduos que ainda praticam o pecado, mas que apresentam também uma atitude de arrependimento em relação a ele. Nossos pecados podem ser apenas o que denomino pecados "respeitáveis" a nossos olhos, mas todo pecado é vil aos olhos de nosso Deus infinitamente santo. Precisamos, dessa forma, vir com a humildade do publicano que orava no Templo: "Deus, sê misericordioso comigo, *o* pecador".

Enquanto percorríamos as Bem-Aventuranças, descobrimos que a pessoa verdadeiramente humilde

- é pobre de espírito,
- chora por seu pecado,
- é mansa para com Deus e outras pessoas,
- tem fome e sede de justiça,
- é misericordiosa para com outras pessoas,
- é pura de coração,
- é pacificadora e
- se considera abençoada quando perseguida ou insultada por causa da justiça.

Essa é uma lista formidável, um padrão que nenhum de nós jamais alcançará. É por isso que precisamos do evangelho todo dia. É o evangelho que impedirá que cedamos ao desânimo e nos motivará, em vez disso, a continuar buscando a humildade, mesmo quando tantas vezes fracassamos.

Também precisamos reconhecer diariamente que dependemos da obra e do poder do Espírito Santo para buscar as várias expressões da humildade. Há um princípio fundamental do crescimento espiritual que denomino "o princípio da responsabilidade dependente". Por exemplo, Deus diz por meio de Paulo: "Caminhai em [...] humildade". Somos responsáveis por fazer isso, mas precisamos depender da capacitação do Espírito Santo. Além disso, precisamos de que o Espírito Santo realize mudança genuína em nosso coração. Como disse Paulo: "[É] apenas Deus quem dá o crescimento" (1Co 3.7).

O princípio é ensinado de diferentes maneiras ao longo da Bíblia, mas afirmado de forma concisa em Hebreus 13.21: "[Que Deus] vos equipe com toda boa obra, para fazerdes sua vontade". Aqui a ênfase está naquilo que fazemos. Por exemplo, *nós* caminhamos em humildade, mas só porque somos equipados ou capacitados por Deus. O versículo prossegue: "... realizando em nós o que é agradável à vista dele". Isso se refere à obra misteriosa do Espírito Santo em nosso íntimo à medida que ele nos conforma mais e mais à imagem de Cristo. Ambas as obras do Espírito são necessárias.

À medida que crescemos na vida cristã, portanto, ficamos cada vez mais conscientes de nossa dependência da justiça de Cristo que nos é revelada no evangelho. E também ficamos cada vez mais conscientes de nossa dependência do Espírito Santo. A consciência disso é expressão de humildade. Assim, em dependência da justiça que está em Cristo e do poder do Espírito Santo, que todos busquemos crescer na humildade apresentada nos oito traços de caráter das Bem-Aventuranças.

GUIA DE DISCUSSÃO

CAPÍTULO UM

1. Quando Paulo descreve o que significa caminhar de forma digna de nosso chamado, ele lista a *humildade* em primeiro lugar. Por que você acha que a Palavra de Deus põe a humildade antes da *gentileza*, *paciência* e *amor*?

2. Por que a vida de humildade não é mera opção que o cristão possa escolher ou rejeitar?

3. De que formas Jesus Cristo demonstrou humildade? Por que esses exemplos são tão espantosos?

4. Qual preceito neste capítulo você considera mais desafiador? Qual promessa você considera mais motivadora?

CAPÍTULO DOIS

1. Como esse capítulo mudou sua compreensão do que significa ser *pobre* de espírito? Como ele mudou sua compreensão do que significa ser pobre *de espírito*?

2. Como o cristão que está crescendo espiritualmente e se tornando mais como Cristo pode ser, ao mesmo tempo, pobre de espírito?

3. Nos momentos em que você se vê como realmente pobre de espírito, para onde sua atenção deve se voltar?

4. Como os que são pobres de espírito veem os outros, a si mesmos, a Palavra de Deus e as próprias circunstâncias?

CAPÍTULO TRÊS

1. Em que "chorar por seu pecado" difere de *remorso*, *tristeza* ou mesmo *derramar lágrimas* por seu pecado?

2. Qual foi a última vez que você realmente chorou por seu pecado? Que impacto isso teve em sua autoimagem, seu relacionamento com os outros e seu relacionamento com Deus?

3. Tiago 2.10 diz: "Qualquer um que guarda toda a lei, mas falha em um só ponto, torna-se culpado de todos eles". Da perspectiva de Deus, por que essa é uma simples verdade? Qual deveria ser sua reação ao tomar consciência do "menor" pecado que se encontra em você?

4. De que forma chorar pelo pecado pode servir como antídoto ao orgulho?

CAPÍTULO QUATRO

1. Você já desejou o traço de caráter da mansidão? Por quê?

2. Explique como os traços de caráter das três primeiras Bem-Aventuranças se edificam uns sobre os outros. Por que a mansidão flui inevitavelmente da pobreza de espírito e do chorar pelo pecado?

3. Leia Romanos 8.28 no contexto de Romanos 8.29. Qual é a definição de *bom*? Por que entender isso é fundamental para desenvolver a mansidão bíblica?

4. Que base a Palavra de Deus fornece para perdoar aqueles que parecem imperdoáveis?

CAPÍTULO CINCO

1. Qual é a definição bíblica de *justiça*? Quais evidências há na Bíblia que provam que Jesus Cristo atendeu às exigências dessa definição?

2. Por que a vida sem pecado de Cristo é tão importante quanto sua morte sacrificial por nosso pecado?

3. O que o autor quer dizer com a expressão "justiça posicional"? Se você está em Cristo, o que isso faz você sentir em seu íntimo?

4. O que o autor quer dizer com a expressão "justiça experiencial"? Que evidências há na Bíblia provando que você deve buscá-la ativamente?

5. O que motiva o verdadeiro cristão a buscar a justiça experiencial?

CAPÍTULO SEIS

1. Explique a diferença entre demonstrar *pena* por alguém e demonstrar *misericórdia*.

2. Qual foi o *custo* para Deus de ser misericordioso para conosco ao perdoar nossos pecados?

3. "Perdoar os outros significa ver a nós mesmos como devedores de 10 mil talentos." O que o autor quer dizer com essa afirmação?

4. Pense na última vez em que você foi misericordioso com alguém que pecou contra você. Qual foi o custo de dizer: "Você não me deve mais nada"?

CAPÍTULO SETE

1. Jesus disse: "Bem-aventurados os puros de coração". O que ele quis dizer com *puros*? O que ele quis dizer com *coração*?

2. Como você avaliaria a pureza de seu coração, em uma escala de 1 a 10, à luz desse capítulo?

3. Por que a primeira ilustração automobilística é insuficiente para explicar o senhorio de Cristo?

4. Qual é a motivação mais poderosa para você se render ao fato de que não é você o dono de si mesmo, mas sim Cristo?

5. Quando você busca ser puro de coração, qual é o papel vital do Espírito Santo e das Escrituras?

CAPÍTULO OITO

1. O autor afirma: "Para nos tornarmos pacificadores [...] precisamos começar com nós mesmos". Por que isso é verdade?

2. De que forma aplicar cada uma das seis Bem-Aventuranças anteriores pode ser essencial para prepará-lo para se tornar um pacificador?

3. Como podem as palavras de Pedro aos servos em 1Pedro 2.18-20 e o exemplo de Jesus em 1Pedro 2.22-23 fazer toda a diferença quando alguém peca contra você?

4. Que evidências há na Bíblia de que os pecados na área dos relacionamentos interpessoais são tão importantes como os pecados na área da sexualidade e da integridade? À luz disso, que atitudes você deve tomar?

CAPÍTULO NOVE

1. De que formas você já enfrentou perseguição por causa de sua fé em Cristo?

2. Você concorda com a perspectiva do autor de que seu país, os EUA, não só perdeu o temor a Deus, mas é hoje hostil a Deus? Por quê?

3. Que diferença deveria fazer o mandamento de Jesus em Mateus 5.44 quando você, como cristão, examina sua resposta à oposição política ou legislada à moralidade bíblica?

4. O que devemos aprender e aplicar com base em 1Pedro 2.13-17 e Romanos 13.1-7, especialmente quanto ao mandato bíblico de "honrar o imperador"? Você acredita que as correntes dominantes do cristianismo atual estão fazendo isso? Por quê?

5. De que forma ver a perseguição como uma bênção é uma forma concreta de demonstrar humildade em ação?

CAPÍTULO DEZ

1. Tome um tempo para fazer uma avaliação sincera de si mesmo à luz dos oito traços de caráter das Bem-Aventuranças. Você percebe ser um pior pecador do que pensava? Por quê?

2. Cite algumas formas específicas de como só o evangelho pode impedir que você fique desanimado ao desenvolver a humildade na prática com a aplicação das Bem-Aventuranças.

3. Qual é a razão fundamental pela qual você precisa se apropriar do evangelho para si mesmo todo dia?

4. Quais são quatro maneiras pelas quais as boas-novas do evangelho o ajudam a viver sua vida diária em humildade?

5. Que versículos ou passagens da Bíblia você usará para começar a desenvolver a prática vitalícia de meditar e orar sobre passagens fundamentais do evangelho?

Um trecho de

GOD TOOK ME BY THE HAND [DEUS SEGUROU MINHA MÃO] POR JERRY BRIDGES

Nota do editor: Em 2014, Jerry Bridges publicou um livro de memórias que demonstra tanto o princípio de que "a Bíblia deve ser aplicada em sua vida diária" — o comentário de 1952 que tanto mudou sua vida — como o conceito de "humildade em ação", explicado ao longo deste livro. Está incluído aqui um trecho de *God took me by the hand*, servindo como uma janela pela qual podemos vislumbrar como a providência de Deus atuou na vida de Jerry, e também como encorajamento para que você considere o quanto a sua própria história, leitor, pode refletir a humildade em ação que caracteriza uma vida cristã normal.

UM COMEÇO POUCO PROMISSOR

O bloco 500 da avenida Oakland era paralelo aos trilhos de trem, deles distando cerca de dez metros. Os dez metros entre trilhos e rua eram propriedade da companhia ferroviária e jaziam vazios a maior parte do tempo. A única exceção era quando a companhia usava a terra vazia para empilhar os dormentes da estrada de ferro.

Do outro lado da rua de terra, sozinha no meio do quarteirão, havia uma pequena casa de quatro cômodos, a casa de número 521 na avenida Oakland. Não conheço a origem da casa, mas é bem possível que tenha sido alojamento dos empregados da casa maior do outro lado do quarteirão. Seja qual for sua origem, a casa era muito simples. Não havia guarda-roupas. As roupas eram penduradas em ganchos nas paredes. Não havia armários de cozinha. A casa tinha encanamento, mas não tinha água quente. Para lavar as roupas, lavar a louça ou tomar banho, era preciso esquentar água no fogão da cozinha e misturá-la à água fria das torneiras. Nasci nessa casa em 4 de dezembro de 1929. Meus pais me deram o nome de Gerald Dean, mas me chamavam de Jerry, e é esse o nome que adotei toda a minha vida, exceto em documentos legais e financeiros.

Meus pais eram Emmett e Lillian Bridges. Ambos cresceram nas fazendas de algodão do leste do Texas, e ambos haviam abandonado a escola na oitava série para trabalhar nas fazendas. Eles se casaram em 1924, e papai começou a cultivar algodão em terra alugada. O primeiro filho deles nasceu em 4 de junho de 1926, e foi batizado como William Jackson, mas o chamavam de Jack. Pouco depois de Jack nascer, meu pai percebeu que jamais obteria sucesso cultivando algodão em terra alugada, de forma que vendeu os poucos ativos que tinha e levou a família para Tyler, Texas, cidade de cerca de vinte mil pessoas. Seu plano era ingressar em uma faculdade de finanças e estudar contabilidade. Contudo, as coisas não saíram como planejado.

Ele conseguiu um emprego em uma loja de produtos agrícolas que também operava como corretora de algodão. Os donos da companhia o convenceram a estudar classificação de algodão para que pudesse se tornar seu comprador do produto. O problema era que comprar algodão era sazonal, e papai passava o resto do ano como balconista na loja de produtos agrícolas. Humanamente falando, não foi uma boa decisão. Embora papai tivesse abandonado os estudos na oitava série, ele era muito inteligente e era particularmente bom em matemática. Tenho certeza de que teria sido um excelente contador básico. Todavia, olhando pela perspectiva que hoje tenho, confio que Deus estava soberanamente dirigindo aquela decisão aparentemente má. Deus está no controle tanto de nossas más decisões quanto das boas. Não quer dizer que Deus *cause* nossas más decisões, assim como ele não causa nossos pecados. Mas ele permite que pequemos e permite que tomemos más decisões.

Quando nasci, eu tinha quatro deficiências físicas. O primeiro e mais óbvio era que eu era estrábico. Para quem não conhece o termo, significa que, enquanto um olho olha para a frente, o outro se volta para o nariz. O segundo e mais difícil de lidar é o fato de que meu ouvido interno não havia se desenvolvido completamente. Quando pequeno, eu não estava ciente de minha surdez nesse ouvido, mas a surdez e a inconveniência causada por ela ficaram cada vez mais claras enquanto eu crescia. Foi só aos 82 anos que um médico especializado em ouvidos, nariz e garganta descobriu a causa da surdez que tive a vida inteira.

A terceira e a quarta deficiências eram más-formações em meu esterno e na minha coluna. Na verdade, esses dois não foram importantes durante meu crescimento, mas ambos se tornaram um grande problema na vida adulta. Como se não bastasse, tornei-me canhoto em um mundo destro. Fisicamente, não era um começo promissor.

Meus pais eram membros de uma igreja "fundamentalista". A palavra não tinha naqueles dias o som pejorativo que tem hoje. Mesmo assim, era uma igreja pequena e separatista. Minha mãe era uma mulher caseira que nunca aprendeu a dirigir e não tinha muito convívio com a vizinhança. Aliás, toda a vida social dela acontecia na igreja. Papai trabalhava das oito da manhã às seis da tarde, seis dias por semana. Com as atividades da igreja aos domingos, ele não tinha tempo para o convívio com os vizinhos.

Para resumir, meus pais eram pobres, haviam largado os estudos e eram religiosa e socialmente isolados. Não foi um bom começo para mim.

Meu irmão, Jack, começou a escola quando eu tinha apenas dois anos, e não havia meninos da minha idade na vizinhança, de modo que cresci sozinho até começar a escola aos seis anos. Não tínhamos brinquedos. Para brincar, eu usava minha imaginação. Minha brincadeira favorita era fingir ser um caminhoneiro de estrada, inclusive imitando os sons de motores e marchas engrenando que eu ouvia dos caminhões de verdade em minha vizinhança.

Finalmente chegou o dia, em 1936, de começar a escola. Nosso sistema escolar não tinha jardim de infância na época e, por isso, comecei na primeira série. Mais uma vez, como minha mãe era uma mulher caseira, em vez de me levar à escola no primeiro dia, ela me enviou junto com meu irmão, Jack, que estava começando a quinta série. Tudo ia bem até que chegamos à escola, e ali Jack não sabia o que fazer comigo. Ele estava tão desnorteado que começou a chorar, e o diretor apareceu, perguntou qual era o problema e me conduziu em segurança à minha sala da primeira série.

Anos depois, enquanto pensava em minha primeira infância com a vantagem de saber o que havia aprendido sobre a providência de Deus, dois versículos das Escrituras me ajudaram. São eles Salmos 139.13 e 16: "Tu formaste meu interior; tu me teceste no ventre de minha mãe [...] Teus olhos viram minha substância informe; em teu livro foram escritos todos os dias que me foram ordenados, quando ainda nenhum deles havia".

Em primeiro lugar, percebi que Deus havia me criado para ser fisicamente a pessoa que ele queria que eu fosse, aí incluídos minhas deficiências de nascença. Quando olho para a expressão de Davi: "... tu me teceste no ventre de minha mãe", posso pensar: "Davi, você não sabia nada do que sabemos sobre genética hoje", mas a verdade é que o Espírito Santo, que orientou Davi a escrever essas palavras, sabe infinitamente mais sobre genética do que os cientistas mais brilhantes. Assim, quando ele orientou Davi a dizer: "... tu me teceste no ventre de minha mãe", ele estava dizendo que Deus controlou de tal forma a genética que me tornei exatamente a pessoa que ele queria que eu fosse. O mesmo se aplica ao fato de que os dias que me foram ordenados, incluindo aqueles dias iniciais difíceis, foram escritos no livro dele antes de o primeiro desses dias existir.

Portanto, nasci com a forma física exata que Deus queria que eu tivesse e de pais que eram pobres, pouco instruídos e socialmente isolados, e tudo isso porque esse era o plano que Deus havia ordenado para mim antes de eu nascer.

Mas, se você avança rapidamente até o presente, só pode ficar admirado com o que Deus fez por um menino estrábico e parcialmente surdo que cresceu na pobreza ao lado dos trilhos de trem. Quando penso em mim mesmo, lembro-me continuamente das palavras de Salmos 40.1-3:

> *Esperei com paciência pelo* SENHOR; *ele se inclinou para mim e ouviu meu clamor. Tirou-me de um poço de destruição, de um lamaçal; colocou meus pés sobre uma rocha, firmando meus passos. Pôs um novo cântico em minha boca, um hino de louvor a nosso Deus. Muitos verão e temerão, e porão sua confiança no* SENHOR.

Embora a referência de Davi ao "poço de destruição" e ao "lamaçal" seja dramática demais para minha situação, a ideia de Deus me tirando de um poço e firmando meus passos sobre uma rocha é exatamente como vejo a obra de Deus em minha vida.

Além disso, tudo o que Deus fez, ele fez tão somente por sua graça. Separado de Cristo, não mereço nada senão seu juízo eterno. Aliás, eu poderia muito bem me apropriar do título de uma obra de John Bunyan: *Grace abounding to the chief of sinners*.[1] E me identifico prontamente com Jacó, ele próprio uma ilustração incrível da graça de Deus, quando disse: "Não sou digno do menor de todos os feitos de amor constante e de toda a fidelidade que tens demonstrado para com teu servo, pois apenas com meu cajado passei este Jordão, e agora me tornei dois grupos" (Gn 32.10).

---

[1] John Bunyan, *Grace aboundig to the chief of sinners* (Cosimo: 2007) [publicado em português por Fiel sob o título *Graça abundante ao principal dos pecadores*].

Esta obra foi composta em Adobe Caslon Pro,
impressa em papel avena 70 g/m², com capa em cartão 250 g/m²,
na Imprensa da Fé, em dezembro de 2022.